HUW SÊL, BARDD A SAER

Huw Sêl,
Bardd a Saer

10 Mai, 1921 – 16 Tachwedd, 1978

Gol: Arthur Thomas

Un o'r rhai sy' mhell ar ôl – wyf i'r oes
    Frysiog, gyfalafol,
  Ac i'w ffyrdd galluog, ffôl,
  Rhy hen a rhy wahanol.
                HSO, 1990

Argraffiad cyntaf: 2008

(h) Ann a Rhodri Owen/Gwasg Carreg Gwalch

Cedwir pob hawl.
Ni chaniateir atgynhyrchu unrhyw ran o'r cyhoeddiad hwn,
na'i gadw mewn cyfundrefn adferadwy, na'i drosglwyddo mewn
unrhyw ddull na thrwy unrhyw gyfrwng, electronig, electrostatig,
tâp magnetig, mecanyddol, ffotogopïo, recordio, nac fel arall,
heb ganiatâd ymlaen llaw gan y cyhoeddwyr, Gwasg Carreg Gwalch,
12 Iard yr Orsaf, Llanrwst, Dyffryn Conwy, Cymru LL26 0EH.

Rhif Llyfr Safonol Rhyngwladol:
978-1-84527-193-0

Clawr: Sian Parri

Mae'r cyhoeddwyr yn cydnabod cefnogaeth ariannol
Cyngor Llyfrau Cymru.

Argraffwyd a chyhoeddwyd gan Wasg Carreg Gwalch,
12 Iard yr Orsaf, Llanrwst, Dyffryn Conwy, LL26 0EH.
01492 642031
01492 641502
llyfrau@carreg-gwalch.com
Lle ar y we: www.carreg-gwalch.com

Cydnabyddiaeth:
Diolch o galon i bawb a fenthycodd luniau a cherddi ar gyfer y gyfrol:
Ann a Rhodri Owen, Bryn Llin; Wyn Jones, Lluniau Llwyfan;
Eleanor Roberts, Golygfa'r Graig, Tyddyn Hen; Helga Martin;
Eifion Davies; Gruff ac Anwen Ellis; Marian a Hywel, Tai Duon;
Eryl P.; Nerys a Merêd, Hafod Ifan; Aerwyn Beattie, Pen Lan;
Edwina Jones (Gwernhywel Bach gynt), Teulu Tŷ Ucha, Padog;
Teulu Crafnant; Robin Ellis, Bron Ruffydd;
Idris a Jane Pennant ac Elfed Williams, Plas Padog.
Diolch hefyd i Ann Rhys a Margaret Rees am eu caniatâd
i gynnwys dyfyniadau o *Betws Hirfaen*, J.G. Williams.

Cynnwys

Cyflwyniad – *Arthur Thomas* 6
Llyfryddiaeth 8
Cerddi i Gyfarch ac i Gofio am Huw Sêl 9
Prifysgol Gweithdy'r Saer – *atgofion Orig Williams* 13
Llawenydd Huw – *atgofion Myrddin ap Dafydd* 22
Huw Selwyn a Gwrthryfel Glyndŵr 35
Barddoniaeth Huw Sêl 39
Englynion 41
Englynion Ymryson ac Englynion Byrfyfyr 68
Englynion Coffa 72
Cyfarchion a Thynnu Coes 78
Telynegion a Cherddi Eisteddfod 99
Straeon Byrion:
    Rhy Hwyr 128
    Un Gwanwyn 133
    Dychwelyd 140
Ysgrifau:
    Yr Olygfa o Ben y Cefn 153
    Mêr esgyrn iaith 156
    Dywediadau Ardal Ysbyty Ifan 157
    Y Bwrdd Bwyd yn Ysbyty Ifan 161
    Y Saer Gwlad a'i Gymdeithas 169
        Torri Cripiad 170
        Eirch 176
        Carthu'r Rhych 183
    Cyflwyno Cerdd Dafod 189
    Uwch ben yr Awdl 203
    Llythyr yn *Y Cymro* 208
    Llyfr Cyfrifon y Saer 212
    Yn sŵn y gloch 215

Cyflwyniad

Does gen i ddim syniad pryd y deuthum i adnabod Huw Selwyn Owen, y saer o Ysbyty Ifan gyntaf. Roeddwn yn bur ifanc mae'n siŵr, ond roeddwn yn ei adnabod dros gyfnod o ddegawdau gan y byddai'n dod i Benmachno yn rhinwedd ei waith gyda'r 'Tryst' (neu'r Ymddiriedolaeth Genedlaethol). Yn ogystal, byddwn yn ei gyfarfod yn aml gyda 'Nhad ar y stryd yn Llanrwst, yn Sbyty ac mewn ambell steddfod genedlaethol a lleol.

Y cof cyntaf sydd gen i o fod mewn cyfarfod gwleidyddol gyda Huw yw cyfarfod yn Nhan Lan, Betws-y-coed yn ystod y chwedegau, pan oedd buddugoliaeth Gwynfor yng Nghaerfyrddin wedi tanio cenedlaetholdeb darpar fyfyriwr ac atgyfnerthu'r gobaith mewn rhai, fel Huw, a fu'n genedlaetholwyr cadarn yn ystod yr oriau tywyllaf. Digon yw dweud i mi fynd adref o'r cyfarfod hwnnw gyda swp o gardiau aelodaeth y Blaid, ac imi, o fewn ychydig amser, hel nifer go lew o aelodau ym Mhenmachno.

Yn ddiweddarach, byddwn yn cael ambell beint yn ei gwmni ac yn fuan iawn y daeth i'm galw wrth fy enw canol 'Morgan' am fod yr enw hwnnw yn cysylltu'r teulu'n uniongyrchol a'r Esgob ei hun – a hynny'n plesio'r Saer yn arw. Cofiwch, roeddwn yn freintiedig wrth gael cyd-drafod ag ef ar faterion yn amrywio o genedlaetholdeb i farddoniaeth ac o rygbi i ferched. Roedd ei wybodaeth yn eang ym mhob maes. Ond os deuai rhywun nad oedd ganddo lawer o feddwl ohono i'r cwmni, yna cau'n glep fyddai'r hanes a dim ond rhoi ambell ebychiad wrth ddilyn y sgwrs nes i'r person hwnnw ymadael, a Huw yn dod yn aelod llawn o'r drafodaeth unwaith eto.

Tua chanol y saithdegau, dechreuwyd sefydlu papurau bro ar hyd a lled y wlad ac yn fuan yn ystod y brwdfrydedd hwnnw, galwyd cyfarfod (yn Nhan Lan unwaith eto, sylwer) i sefydlu un ar gyfer Nant Conwy. Roedd enw i'r papur yn holl bwysig, ac wedi trafod ambell gynnig nad oedd yn cydio yn y dychymyg rhywsut, dyma Huw yn dweud: 'Beth am *Yr Odyn* – mae o'n awgrymu fod newyddion yn crasu ynddo' – a dyna yw ei enw hyd heddiw.

O'r cychwyn cyntaf, roedd Huw yn aelod o'r pwyllgor ac

wrth ei fodd gyda llwyddiant y papur. Roedd yn cyfrannu iddo hefyd. 'Colofn Farddol' gyda Huw Meirion Huws (tad Elfyn Llwyd), ambell englyn a thelyneg ac yn ddiweddarach, y golofn 'Mêr Esgyrn Iaith' y gellir darllen ei chynnwys yn y gyfrol hon. Byddai'r ddau Huw yn cyfarfod yn nhafarn Rhaeadr Ewynnol i drafod cynnwys y golofn farddol, ac ambell dro byddwn yn ymuno gyda hwy er mwyn cael addysg amgenach na allai unrhyw ysgol neu goleg ei gynnig. Yno y taniwyd yr awydd ynof i ddysgu cynganeddu a phan fyddwn yn mynychu dosbarth R.E. Jones ym Melin-y-coed, byddai Huw yn holi hynt yr 'egin gynganeddwr' gan roi awgrymiadau cynnil ar sut i lunio llinell neu'n ddiweddarach sut i dacluso englyn. Ond bob tro, gwnâi hynny mewn dull a fyddai'n hybu'r brwydfrydedd ac nid ei bylu.

Pan ddaeth yn dad, yr hyn a gofiaf amdano yw ei weld gyda Rhodri yn ei freichiau yn Llanrwst ac yn dweud un tro: 'Mae o 'di dechre cynganeddu – glywist ti? Bw a be!'

Wedi iddo ymddeol o'r 'Tryst', aeth yn ôl yn llawn amser i'r gweithdy sinc yn Sbyty. Yno y byddwn yn galw ambell dro, ond rhaid oedd gwneud yn siŵr nad oedd dim byd arall yn galw gan fod y seiadu wrth i'r Saer fynd ymlaen gyda'i waith yn gallu para oriau, yn enwedig os oedd rhywun fel D.O. Padog yno. O'r gweithdy hwnnw y daeth y bwrdd crwn hardd a saernïwyd yn anrheg priodas i mi gan bwyllgor *Yr Odyn* ac yn ddiweddarach coes i badell dwymo gwely oedd wedi dod o dŷ fy nhad. Roedd wedi aros am fisoedd cyn turnio honno er mwyn cael gafael ar goedyn addas, ac yn y diwedd tarodd ei lygad ar ddarn o geiriosen a'i weithio'n gelfydd i'r badell.

Yn ddiweddar, roeddwn yn siarad ar y stryd ym Mhorthmadog gyda Arthur Edwards, Penmorfa (ond o Sbyty yn wreiddiol), gŵr sy'n hoff o wneud ffyn fel hobi. Cofiai yntau fel y byddai sŵn y lli yn dod o weithdy'r Saer yn gynnar yn y bore yn arwydd fod rhywun wedi marw a'r arch wrthi'n cael ei llunio. Wedyn byddai ei fam yn ei yrru yno a'r Saer yn sgwennu enw'r ymadawedig ar ddarn o bapur neu baced sigarets. Yna byddai ei fam yn rhoi'r wybodaeth i fam Orig (El Bandito) a'r ddwy yn dweud wrth weddill y trigolion pwy oedd wedi marw. Felly'n union âi'r newyddion drwy'r pentref. Ni wnaeth erioed anghofio un cyngor a gafodd gan Huw: 'Mi fyddi di'n saer pan wyt ti'n gallu adeiladu berfa!'

Sut mae crynhoi hyn o eiriau am Huw Sêl? Wel, pa bryd eto y gwelir saer coed a saer geiriau mor grefftus oddi fewn i'r un person? A ddaw rhywun a fydd yn gallu llunio cerdd i hawlio'r gadair y mae ef ei hun newydd ei llunio? Mae'n amheus gen i. Y geiriau sy'n dod i'r cof yw geiriau Tomas O'Crohan yn ei hunangofiant, wrth adrodd hanes ei fywyd ar ynys An Blascaod Môr ar arfordir gorllewin Iwerddon. O'u cyfieithu, dyma ddywed yr awdur: 'Yr wyf wedi gwneud fy ngorau i gyfleu cymeriad y bobl o'm cwmpas fel y bydd rhyw gofnod yn fyw ar ôl i ni fynd, achos ni welir ein tebyg fyth eto.' Mor wir ydyw'r geiriau am Huw Sêl, hefyd.

Arthur Thomas

Diolch:
Diolch i Ann a Rhodri am gael y cyfle i ddod â'r gyfrol hon i olau dydd, i sawl person arall sydd wedi rhannu eu hatgofion am Huw, i Wasg Carreg Gwalch ac yn bennaf oll i Myrddin – gan mai fo sy'n gyfrifol am wneud yn siŵr fod y gyfrol yn cael ei chreu.

Llyfryddiaeth

Calon Gron a Thraed Cathod, Huw Selwyn Owen,
Llyfrau Llafar Gwlad, rhif 16, Gwasg Carreg Gwalch,
    Capel Garmon, 1990
Wyth Ugain o Englynion, Nant Peris, 1973
Deg o'r Dyffryn, Gwasg Carreg Gwalch, Llanrwst, 1982
Betws Hirfaen, J.G. Williams, Gwasg Gee, Dinbych, 1973
Cario'r Ddraig, Orig Williams, Gwasg Carreg Gwalch,
    Capel Garmon, 1985
Cyfansoddiadau Eisteddfod Genedlaethol Cymru
Cyfansoddiadau Eisteddfod Gadeiriol Dyffryn Conwy, Llanrwst
Llên y Llannau

Cerddi i Gyfarch ac i Gofio am Huw Sêl

I Huw Selwyn
Ar ei ymddeoliad o'r Ymddiriedolaeth

Gŵr a'i hoffter yn ei grefftwaith, saer coed
    A saer cerdd sy'n gampwaith,
  Yn saer mwyn ers amser maith
  A'i ddoniau yn ddiweniaith.

Ymddeol siriol pleserus, a hoen
    I farddoni'n hapus,
  O'i lafur byw'n gysurus,
  Iach ei groen heb wlychu'i grys.

Deiliaid am lafur dilin, a eiliant
    Ganmoliaeth yn ddibrin
  Daw'n fonllef o'u cynefin
  A'u holl wefr i ŵr Bryn Llin.

R.E. Jones

Ar Briodas Huw Selwyn ac Ann
Â'i hudoliaeth y daliodd – Ann yr un
    Mor hir a ddihangodd
  A Huw'n hollol enillodd
  Wyrth o ferch sydd wrth ei fodd.

R.E. Jones

Er cof am Huw Sêl
Drwy grac y pleiwŷd acw, drwy uniad
    di-raen ein coed lludw,
  drwy sgyrsiau'r byrddau bambŵ,
  daw hiraeth am bren derw.

Myrddin ap Dafydd

Huw Sêl a'i amcan saer

Roedd Huw yn medru gweld drwy dyllau pry
hen ddistiau da-i-ddim oes oesau'n ôl
a chariodd eu pelydrau craidd i'w dŷ
er mwyn goleuo cwpwrdd bach neu stôl.
Mi fedrai glywed sŵn dan sodlau gair
mewn cerdd, mewn sgwrs dros ysgwydd ac mewn inc,
a'i ganu, yn ei hwyliau dyddiau ffair,
uwchlaw sŵn cenllysg Tachwedd ar do sinc.
A medrai nabod ambell haearn cŷn
yng nghanol dynion shafins a llwch lli
a chanfod cwyriad cenedlaethau hŷn
yng ngraen y plant oedd yn ei alw'n 'chdi'.
Ni wisgai gôt na sgarff ar ddrycin chwaith;
Bob dydd, mi welai heulwen bach ar waith.

Myrddin ap Dafydd

Er Cof am Huw Selwyn Owen

Y saer uwchlaw y seiri, bardd annwyl
    Bardd enwog ei gerddi,
  Mwyn y naws a gawsom ni
  Yn ei ddawnus farddoni.

Arwr, gwladgarwr gorau, un feddai
    Ar gelfyddyd geiriau,
  Eu gwin a'u rhin sy'n parhau
  I eraill yn drysorau.

Saer o fri y cain saernïo, craffter
    Y crefftwr oedd iddo,
  O alar y ffarwelio
  Yn fyw i'r oes mae'i wefr o.

D.O. Jones

Y bwlch ar ôl Huw

Roedd Talwrn Beirdd ar brydiau
Ymhell o gyrraedd nod,
Y tasgau oedd yn anodd
A'r awen ddim am ddod,
Ond yno'n solet yr oedd Huw –
Meistr iaith oedd wrth y llyw.

Hyfforddwr byd y ddrama,
Cynhyrchydd mawr ei ddawn
A llawer actor ieuanc
Aeddfedai'n fuan iawn,
Perffeithydd oedd i gwmni bro –
Ni fyddai ail yn gwneud y tro.

Roedd iddo reddf y llenor,
Cofnododd gyda graen
Hen ffordd o fyw erstalwm
A chrefftau'r oes o'r blaen,
Mi fydd trigolion oes a ddêl
 dyled fawr i waith Huw Sêl.

Roedd ganddo ddawn arlunydd
I ganfod perlau'r byd
Cyfelu'r hyn a welai
Wnai'n fanwl iawn i gyd,
Rhoi gwefr i'w chofio i ni wnaent –
Roedd mwy na'r lliwiau yn y paent.

Ac yna yn ei weithdy
Cywreinrwydd oedd ar waith
Yn llunio cadair Prifwyl
I fyned ar ei thaith,
Ni allai neb â gordd a chŷn
Wneud camp mor fawr a Huw ei hun.

Ar doau siediau'r ffermydd
Y byddai yn saer gwlad
A dringai'r goeden dalaf
Tra'n gweithio ar y stâd,
Ac nid oedd rhaid pryderu chwaith –
Meistr ei grefft oedd wrth ei waith.

Y flwyddyn drist eleni
Agorodd lawer craith
A'r bardd o fro Ysbyty
Aeth i'r anochel daith,
A sylweddolwn ninnau'n awr
Fod colli Huw yn fwlch mor fawr.

D.O. Jones

Prifysgol Gweithdy'r Saer

Atgofion Orig Williams

Cyn oes y teledu, roedd arwyr hogia'r pentref o raid yn rhywun roeddan nhw yn ei weld bob dydd. Yn araf, byddai arwr yn magu'i le yn dy galon, yn ennyn edmygedd a gosod safonau i anelu atyn nhw. Yn Ysbyty Ifan y 1940au, roedd Huw Selwyn yn gythrel o arwr i mi.

Ar Aled Lloyd yr oedd y bai, meddai pobol capel Ysbyty Ifan. Adeg yr Ail Ryfel Byd oedd hi ac mi aeth o i'r *Airforce* a dod adra efo dau bâr o fenyg bocsio. Melltith y Saeson oedd petha o'r fath yn y pentra, yn union fel y rhyfel ei hun. Roedd 'na ddigon o rwygiadau o fewn y gymdeithas leol fel yr oedd hi gyda rhai fel Huw Sêl a Syl yn wrthwynebwyr cydwybodol a hogia rhai o'r teuluoedd eraill wedi cael eu gorfodi i fynd i'r lluoedd arfog.

Gyda dyfodiad y menyg bocsio, daeth bocsio – neu yn hytrach, cwffio – yn boblogaidd yn yr Aelwyd yn ystod y gaeaf. Yn yr haf, mi fyddai criwiau'n hel o flaen yr efail yng nghanol y pentra am gwffas. Doedd y ffasiwn beth â ffeit heddychlon ddim yn bod yn Sbyty. O ganlyniad, byddai sawl un yn mynd i'r Capel ar y Sul gyda llygad ddu, trwyn cam ac yn greithiog. Ia, melltith y Saeson, fel deudan nhw oedd hynny.

Ond o'r ymladdfeydd caled a garw hynny, codwyd dau bencampwr ymhlith hogiau ifanc yr ardal ar y pryd – Ifan Penygeulan oedd yr hefiwêt gorau yn Sbyty a Huw Sêl oedd y midylwêt gorau.

Roedd Huw ac Ifan yn benboeth eisiau mynd i herio'r cwffwyr proffesiynol pan ddaeth hi'n ffair bentymor ar gaeau George Jones yn Llanrwst. Roedd bwth bocsio yn y ffair bryd hynny – un o'r troeon olaf i'r bwth ddod i'r dre mae'n siŵr, er iddo bara'n rhan o Ffair y Borth tan y saithdegau. Y drefn oedd bod hogiau tebol lleol yn derbyn sialens dyn y ffair i ddod i gwffio yn y cylch yn erbyn hen wariar, creithiog. Credai Huw ac Ifan fod ganddyn nhw siawns go dda i wneud rhywbeth ohoni ar ôl haf o waldio yn Ysbyty Ifan, ond fe'u perswadiwyd gan Teigar, bocsar lleol da iawn o dre Llanrwst i beidio â chamu i'r ring gan na fyddai dim ond uffar o gweir yn eu haros.

Bu gan Huw ac Ifan ran amlwg mewn brwydr arall yn ardal Sbyty hefyd – brwydr yn erbyn y ciperiaid oedd honno. Câi dau wn eu cadw yng ngweithdy'r saer yn Sbyty – 4-10 a twelf bôr. Doedd dim potsio wedi digwydd yn yr ardal ers cenhedlaeth neu ddwy – doedd neb yn fodlon mentro tynnu blewyn o drwyn y meistri tir. Ond roedd 'na ysbryd annibynnol iach yn perthyn i'r saer ac Ifan Penygeulan. Mi fyddai Huw yn galw heibio Mam yn 2 Rhes Fawr i gasglu'i gopi o'r *Daily Post* ar ei ffordd yn ôl o'r gweithdy bob gyda'r nos ac yn aml byddai'n gadael sach ar y bwrdd. Pâr o ffesantod neu gwningen efo haels ynddyn nhw fyddai yn y sach.

Roedd yr awdurdodau'n gwybod pwy oedd y tu ôl i'r tanio yn y coed, yn gwgu ar y ddau ond yn methu â'u dal. John Williams, Padog oedd un o'r ciperiaid a phan ddaeth stofiau Rayburn neu Aga yn boblogaidd yn ffermdai'r stad, gwnaeth y cipar yn siŵr bod pob fferm yn yr ardal yn cael un – heblaw am Benygeulan. Byddai ambell weinidog yn pregethu yn erbyn potsiars o'r pulpud yng nghapel Sbyty – wfftiai Huw at y fath daeogrwydd ac mi drodd ei gefn ar y sefydliad hwnnw i raddau helaeth ar ôl hynny.

Mi ges feic pan oeddwn i'n rhyw 12 oed ac am gyfnod mi fyddai Huw'n cymryd benthyg y beic i fynd i weld merch o Fetws Gwerful Goch. Roedd hi'n gwawrio pan fyddai'n seiclo adref ac roedd o'n deud ei fod o'n gallu clywed rygarug yn clecian canu ben bore ym mhob cae gwair o Fetws Gwerful Goch i Sbyty yr haf hwnnw.

Yn ystod gwyliau'r haf o'r Ysgol Ramadeg yn Llanrwst, mi fyddwn i'n mynd i weithio at y Saer. Mi wyddai Huw'n iawn na wnawn i saer gwerth sôn amdano – mi fu'n dal i f'atgoffa i am y giât honno wnes i gan wneud tyllau'r pegiau gymaint deirgwaith ag roeddan nhw i fod am flynyddoedd. Ta waeth, mae'r giât i'w gweld yn Sbyty hyd heddiw. Ond dydi'r ffaith nad ydi Huw Sêl yn fy ystyried yn fawr o saer yn mennu dim arna i, oherwydd mi wn mai y fo oedd y saer gwlad gorau yn y byd. Roedd o wedi fy nghymryd i dan ei adan am ryw reswm. Gweithio'n galed oedd ei bethau, o ben bora tan bump heb stopio i fynd adra i nôl ei ginio hyd yn oed. Byddai amryw yn galw heibio'r gweithdy ond sgwrsio a dal i weithio oedd trefn Huw. Roedd hi'n werth ei weld yn llunio olwyn gyfan gan ddefnyddio dim byd ond bwyell, nedda a chŷn. Roedd crefft saer gwlad yn waith trwm iawn bryd hynny – mi fyddai Huw yn dewis ac yn taflu coed ei hun ac roedd o'n uffar o sgolor ar y lli draws. Mi fedrai drwsio bob dim a llunio offer i ateb holl anghenion yr ardal. Diwrnod mawr yn Sbyty oedd diwrnod cylchu olwyn trol – adeg hynny, byddai crefft Huw saer a Jac Lloyd y go' yn dod at ei gilydd ac roedd hi fel diwrnod gŵyl yn y pentra.

Os byddai unrhyw bwysigyn yn trio ei ddarbwyllo ar unrhyw bwnc a Huw Sêl yn methu ennill y ddadl, er mwyn cael y gair olaf a rhoi'r pwysigyn yn ei le, mi fyddai'n dweud:

'Cofia di mai dim ond saer ydw i.'

'Be sy wnelo hynny â'r peth?' fyddai cwestiwn y pwysigyn.

'Saer oedd Iesu Grist.'

Mi fyddai Sbyty yn codi tîm ffwtbol i chwarae yn erbyn Pentra a Phenmachno o dro i dro. Owtseid reit oedd Huw bob gafael a phan o'n i'n llefnyn tuag un ar bymtheg oed, mi roeddwn i wedi colli 'mhen yn lân ar y gêm. Mi gawn reid ar gefn moto-beic Huw i'r dre ambell nos Sadwrn ac wrth inni ddod i lawr o'r topiau bryniog am wastadedd llawr y dyffryn yr ochr isaf i Fetws-y-coed, dyma fi'n dweud wrth Huw un tro: 'Dyma iti gae da i chwarae arno fo'. Roedd Huw yn rowlio chwerthin, cymaint felly nes bu raid iddo stopio'r beic – 'Pawb at y peth y bo,' oedd ei eiriau ar ôl dod ato'i hun.

Ar ben hynny, roedd Huw Sêl yn fardd ac yn gynganeddwr, ac yn perthyn i'r traddodiad bendigedig hwnnw o drin geiriau sy'n rhan o etifeddiaeth ardal Sbyty. Gan Huw y clywais gynganeddion a dyfyniadau o farddoniaeth yn cael ei defnyddio fel rhan o iaith bob dydd am y tro cyntaf. Weithiau mi fyddai 'na ddadlau brwd yng ngweithdy'r saer a Huw yn ceisio rhoi synnwyr ym mhen ambell un di-ddallt. 'Fedran ni ddim byw heb Saeson sdi, Huw. Mae Cymru'n rhy fach,' fyddai hi weithiau. 'Ia, ac mae pawb yn Werddon yn llwgu ers iddyn nhw gael eu rhyddid ydyn nhw?' fyddai brathiad y Saer. Wedi i hwnnw fynd, mi fyddai Huw'n ebychu a deud rhywbeth fel 'O! Fab y Bwthyn, Fab y Saer, Rho heno glust i'm gweddi daer.' Mi ddois innau i ddallt mai dyfynnu Cynan oedd o ar adegau fel hyn – roedd o'n hoff iawn o'i waith. Dan ddylanwad ac arweiniad Huw, mi ddois yn gyfarwydd â gwaith Cynan ac amryw o feirdd eraill. Ond Cynan yn arbennig. Pan fyddwn i'n mynd i reslo yn Affrica neu Bacistan, mi fyddwn yn mynd â chopi o *Cerddi Cynan* efo fi a'i gadw wrth ochr fy ngwely. Dwi wedi dotio ac wedi cadw cannoedd o'i linellau ar fy nghof a phan fydda innau yn eu dyfynnu yn bwrpasol o dro i dro, llais y Saer glywa' i, nid fy llais fy hun.

> 'Oni chwalwyd y cysegroedd?
> Oni ddrylliwyd pob ysgrîn
> Lle bu gwerin Ffrainc a Belgium
> O flaen Duw yn plygu glin?
> Clywais fod y "Crist yn Fflandrys",
> Yno'n Gapten Mawr yr oes;
> Ond yr unig Grist a welais
> Ydoedd Crist ar ddrylliog groes.'

Un dydd dyma Huw Sêl yn gofyn imi os oedd gen i awydd mynd hefo fo'r diwrnod canlynol i Feddgelert gan fod rali genedlaethol yno, ac roedd Gwynfor yn annerch.

Roedd hi'n bwrw glaw mynydd drannoeth, ond pa wahaniaeth? Rhaid oedd cael clywed Gwynfor, felly i ffwrdd â ni ar foto-beic Huw Sêl. Roedd tyrfa o rhyw gant a hanner wedi ymgynnull yn Nantgwynant ar gyfer yr achlysur, ac yna dyma gychwyn cerdded rhan o'r ffordd i fyny'r mynydd gyda Gwynfor ar y blaen.

Erbyn inni gyrraedd man y seremoni, roedd hi'n niwl tew, ond pan ddechreuodd Gwynfor siarad, roedd ei lais yn treiddio drwy'r niwl ac yn syth i'r galon. 'Chlywais i erioed araith fwy cyffrous na chynt nac wedyn – roedd pob brawddeg, pob gair yn tanio rhyw fflam yn fy mynwes, ac mae'r tân yn dal ynghynn hyd heddiw. Ni allwn lai na chlywed geiriau yr unawd enwog honno i'r 'Tywysog' wrth wylio Gwynfor ar ochr y mynydd.

'Wele'r t'wysog ar Bumlumon
Yn rhoi bloedd drwy'r utgorn mawr,
Wele'i fyddin megis afon
Yn ymdywallt ar i lawr.

Dewch i'r frwydr medd y dreigiau
Chwifiant ar glogwyni'n gwlad,
Dewch i'r frwydr medd y creigiau
Cyd-atebant gorn y gad.

Dewch i'r frwydr dros garneddau
Hen d'wysogion Cymru fydd,
Dewch yn awr dros fil o feddau
Hwyliant ryddid Cymru sydd.

Ar dy feddau mae ysbrydion
Sydd yn dweud o ddydd i ddydd:
Dewch i'r frwydr Gymru dewrion,
Rhaid cael Cymru'n Gymru rydd.

Fentra i ddim siarad dros weddill y gynulleidfa, ond petai Gwynfor wedi dechrau casglu byddin ynghyd i ymosod ar Gaer y nos Sadwrn honno, gwn y buasai dau o Sbyty y tu ôl iddo fo. A hyd yn oed pe bai ond y tri ohonom yn y fyddin, mi fuasem wedi trechu'r ddinas gyfan y noson honno, cymaint oedd y tân oedd yn ein gwythiennau. Mae gan y Gwyddelod eu Padraig Pearse, a diolch byth, roedd gennym ninnau ein Gwynfor pan oedd dirfawr angen arweinydd o'r fath.

Flynyddoedd ar ôl hynny, roedd ein criw ni wrthi gyda gornest reslo yng nghanolbarth Cymru. Roeddwn i'n trio cael trefn ar yr ymladdwyr yng nghefn y neuadd pan ddaeth gair o'r drws gan Wendy yn dweud bod Gwynfor yno. Roedd yn dotio at gamp y reslwyr mae'n debyg, a dyma fi at y drws yn syth i gael gair efo fo a rhoi ei bres tocyn yn ôl iddo. Mi fu yn y siop yn Llansannan hefyd yn holi'r cyfeiriad at fy nghartref ac er nad oeddwn i adra, dwi'n ei theimlo hi'n uffar o fraint bod Gwynfor, oedd fel duw i Huw Sêl, wedi bod yn chwilio amdana' i. Pwy feddyliai fod y daith honno ar foto-beic Huw wedi arwain at hyn? Heb os, sgyrsiau a thraethiadau'r Saer roddodd y coch yn fy ngwaed i a 'ngwneud i'n falch o'r ddraig a dwi'n diolch am y fraint o gael ei chario i bedwar ban byd.

Am fod prinder arwyr yng Nghymru ddoe a heddiw, byddwn i'n tynnu ar y Saer – 'pam nad oedd ganddon ni focswyr, pêl-droedwyr a reslwyr o ogledd Cymru?' Ei ateb yntau oedd ein bod ni wedi cael ein gormesu dros gymaint o amser fel nad oedd gan neb ffydd i wneud dim byd a byddwn innau yn holi os mai 'cenedl o gachwrs' oeddan ni, gan ddisgwyl ateb hir, grymus yn fy rhoi i yn fy lle.

Pan gefais i gyfle i sgwennu pytiau i'r *Daily Post*, at Huw y byddwn i'n troi i ofyn am gyngor. 'Wyt ti'n meddwl bod deud y peth-a'r-peth yn rhy gry iddyn nhw ta be?' 'Nachdw,' fyddai barn Huw. 'Cofia ladd digon ar y Saeson, mi fyddi di'n iawn wedyn!' Dro arall, 'mond i mi agor fy mhig mi fyddai'n torri ar fy nhraws: 'Go lew 'rwsnos yma!' Mi fyddai hynny'n golygu ei fod wedi'i blesio yn fy ysgrif. Wastad 'go lew'; byth 'da iawn' – ond roedd cael 'go lew' gan y Saer gystal â chael coban wen gan yr Orsedd.

Pan es i ati i sgwennu fy hunangofiant, *Cario'r Ddraig* yn 1985, mi fyddwn yn pwyso'n drwm ar farn ac atgofion Huw. Ro'n i'n cael trafferth cloi y gyfrol a dyma fynd at Huw yn ei weithdy a sbowtio'r hyn oedd ar fy meddwl. Y fo aeth ati wedyn i roi geiriau a threfn ar y meddyliau hynny ac mi orffenna' i felly – fy nghalon i, ei eiriau yntau:

'Ar ôl crwydro dipyn ar y byd a sylwi peth ar arferion a thraddodiadau cenhedloedd eraill, a gweld bod i bob cenedl ei rhagoriaethau a'i gwendidau, mae'n anodd peidio â'u cymharu a'm cenedl fy hun. Mae gennym ninnau ein rhagoriaethau, ac yn anffodus, wendidau hefyd. Rheswm da am y gwendidau mae'n debyg yw ein bod wedi cael ein rheoli a'n cyflyru gan estroniaid ers cyhyd. Prin y gellir dweud mai ganddyn nhw y cawsom ein rhagoriaethau.

Os ydym yn colli gornest o hyd ac o hyd mi awn, yn naturiol, yn ofnus a di-hyder – mae'n rhyfeddod ein bod yn dal yn genedl ac yn wyrth na fuasem ni wedi diflannu ers llawer dydd. Aethom yn genedl fach ofnus, yn rhedeg yma ac acw yn hollol ddigyfeiriad fel iâr wedi torri'i phen.

Does gennym ni ddim arweinydd sy'n sefyll ben ac ysgwydd yn uwch na neb arall ac sy'n abl i'n tywys o'r anialwch. Mae gennym ddigon o fân arweinyddion yn gweiddi am hyn a'r llall, ac wrth gwrs mae ein llywodraethwyr estron wrth eu bodd yn gweld hynny – rhannu a rheoli fu eu polisi hwy erioed. Fuo nhw ddim yn feistradoedd ar ymerodraeth fawr heb ddysgu rhywbeth, er rhyfedded ydyn nhw.

Rydan ni'n rhy barod o lawer i ymgecru ynghylch mân wahaniaethau, heb ymdrechu o gwbl i geisio gweld yr hyn a ddylai fod yn ein clymu ynghyd. Wedi'r cwbwl, dydi cenedl yn ddim ond nifer o gymunedau ar ddarn o ddaear a rhywbeth yn gyffredin iddynt yn eu clymu wrth ei gilydd.

Erbyn heddiw, fedrwn ni wneud dim – hyd yn oed o fewn ein cymunedau ein hunain – heb blygu glin i ofyn caniatâd. Meddyliwch mewn difrif: cenedl dywysogaidd fel ni yn plygu fel carcharorion. Mae fel petaem yn gofyn i'r dyn drws nesaf 'plis ga i gymryd blodyn o'm gardd fy hun?' Mae yna sefydliadau a phwyllgorau a chwangos estronol eu natur sydd wedi eu dewis yn gyfrwysgall gan y llywodraeth yn Llundain a'i chŵn bach yng

Nghaerdydd i wylio trosom. Chawn ni ddim gan y rhain ond briwsion sydd yn digwydd disgyn oddi ar y bwrdd, ac maen nhw'n rhoi'r argraff arnom yr un pryd ein bod yn lwcus iawn i gael y fath wledd.

Mae'n amser i ni afael yn yr awenau, ac o fewn ein plwyfi a'n cymunedau ein hunain y mae gwneud hynny. Mi fydd yna helynt – wrth gwrs y bydd. Mi fydd yna ddioddef – heb os. Hanfod pob ennill yw ymdrech a dioddef.

Ers talwm, yn Ysbyty Ifan, byddai'r gweision mewn ffarm yn hel at ei gilydd i'r 'sgubor neu'r stabal pan na fyddai'r tywydd yn ddigon da i fynd allan, gan hanner disgwyl iddi wella. 'Smit' fydden nhw'n galw peth felly. Pan fyddai'r tywydd mor ddrwg a phawb wedi rhoi heibio pob gobaith iddi wella, mi fyddai hi'n 'Smit bodlon'. 'Submit' – ildio – ydi'r tarddiad, mae'n debyg.

Dydi hi ddim wedi mynd yn 'Smit bodlon' eto. 'Smit' ydi hi hyd yma.

Rhyw olwg gwella sydd arni weithiau, ac y mae yna rai pethau sy'n codi calon. Mae gennym Gymdeithas yr Iaith sydd wedi dangos eu parodrwydd i ymdrechu a dioddef ac maen nhw wedi ennill tir. Mae yna rai eraill hefyd wedi codi'r faner ac wedi ennill. Y mae un felly yn werth mwy na mil o'r cŵn cyfarth sydd gennym. Gwneud rhywbeth sy'n bwysig – nid siarad. Gweithredu ydi'r peth mawr.

Bu miloedd o bwyllgorau ar hyd y blynyddoedd yn siarad a siarad. Sylwch chi, mae hi'n saff i bwyllgora, fel y mae hi'n saff i fynd a llyfr emynau dan ein cesail i'r capel a chyfrannu rhyw fymryn rhag ofn, ac yna eistedd yn gyfforddus gan gredu bod popeth yn iawn wedyn. Nid y rhai y mae'n esmwyth arnynt sy'n mynd â'r maen i'r wal. Nid y rhai sy'n fodlon eu byd na rhai sydd heb galon sy'n ennill y dydd.

Mae gennym ni ein traddodiadau a'n harferion a'n hanes. Oherwydd ein diffyg hyder ac oherwydd ein bod wedi cael rhwbio ein trwynau yn y baw mor amal, rydym wedi mynd â chywilydd i arddel y rheiny hyd yn oed. Ond raid inni ddim cywilyddio o gwbl: o'u cymharu â champau cenhedloedd eraill, gallwn ymfalchïo ynddynt.

Rhyfeddaf at ein gwytnwch ar ôl canrifoedd o orfod ymostwng, ac o gofio cymaint o gynffonwyr sy'n ein mysg sy'n or-barod i chwifio baner estron o hyd.

Onid oes gennym bobl o alluoedd anghyffredin? Ychydig sy'n cael y cyfle i aros i wneud dim yn eu gwlad eu hunain. Mae dros ddeng mil ohonom yn gorfod gadael bob blwyddyn – ac mae hyn wedi digwydd ers blynyddoedd maith. Unwaith yr ân nhw dros y ffin a thros y môr, mae llawer ohonynt yn dod yn arweinwyr yn eu maes. Collant y diffyg hyder a'u nodweddai ar eu tir eu hunain.

Magwn hyder a meithrinwn dipyn o feddwl ohonom ein hunain fel y gallwn ddal ein pennau'n uchel fel cenhedloedd rhydd eraill.

Dydi hi ddim yn 'Smit bodlon' eto, a ni sydd i ymorol na fydd hi ddim 'chwaith.'

Efallai mai'r deyrnged fwyaf y gallaf ei thalu i'r Saer yw'r un geiriau a ddefnyddiwyd i ddisgrifio Padraig Pearse:

'We may have great men, but we'll never have better.'

Llawenydd Huw
Atgofion Myrddin ap Dafydd

Mae'n amhosibl bod yn drist wrth gofio Huw Sêl. Llawenydd oedd ei betrol o. Hwnnw oedd y grym oedd yn ei yrru ar hyd pob tro ar ei yrfa. Mwynhaodd ei fywyd o ddifri calon am fod bywyd yn werthfawr ganddo. Doedd ganddo ddim mynedd efo cwynwrs, pobol oedd yn cyfri eu manion nhw yn bwysicach na dim arall, fatha'r Twm Bach hwnnw y soniodd amdano:

> Un â chŵyn, dan faich o hyd – druan ŵr,
>   Dan straen erch drwy'i fywyd,
> Ond mewn nef tuchan hefyd
>   Wnâi Twm Bach wrth wneud dim byd.

Mi fu ganddo ddiddordeb mawr mewn ymadroddion a dywediadau a chyfrannodd yn gyson i'r cylchgrawn *Llafar Gwlad*, ond doedd ganddo ddim mynedd efo arwyddion tywydd. 'Tydi pob arwydd tywydd yn deud ei bod hi'n mynd i fwrw?' oedd ei sylw. Gŵr i herio'r tywydd, waeth beth fyddai'r ddrycin yn ei daflu ato oedd Huw. Bob tro y gwelech chi o, mi fyddai'n ddi-gôt a botwm coler ei grys heb ei gau. 'Gŵr sgwâr a'i grys agored' meddai Tegwyn Pughe am wladwr arall. Dyna Huw Sêl i'r dim hefyd.

Pan glywai rhywun yn cwyno ar ei fyd, 'Tria'i chario hi'n llawen' fyddai ei sylw. Un o'r rhesymau pam ei fod wedi mwynhau ei fywyd oedd bod ei alwedigaeth yn anian iddo hefyd. Roedd o wedi gwirioni ar goed, ar eu henwau, ar y mannau roeddan nhw'n tyfu, ar eu gweld yn deilio, ar nabod eu graen, ar eu trin a'u naddu a'u cwyro. Mi gredai, fel y credai cerflunwyr mawr y Dadeni, fod yr harddwch yn y pren eisoes a'i fraint o oedd dod â'r harddwch hwnnw i olau dydd, i'n llygaid ninnau hefyd gael ei fwynhau. Os mai llunio giât yr oedd o, neu godi sied, neu greu dodrefnyn, ymwneud â llawenydd a harddwch y byddai a byddai'r gorchwyl yn ganu ganddo.

Mae llawer o'i gyfeillion agos wedi sôn am yr ysbryd llawen oedd yn byrlymu ynddo. Dŵad adra o'r dre ar nos Sadwrn ar foto-beic *Royal Enfield*, yn morio canu deuawd efo'r llais tenor oedd yn eistedd y tu ôl iddo fo a Huw Sêl yn chwyrnellu rownd y troeau gan ddreifio efo un llaw am ei fod o angen y llall i fynd i ysbryd y darn.

Roedd tynnu coes yn elfen naturiol ynddo. Daeth ffermwr heibio'r gweithdy un tro a gofyn am 'blan' i neud berfa ganddo. Roedd hwnnw am ei gwneud hi ei hun.

'Mi wna' i blan iti,' addawodd y Saer.

Gyda hyn, bu'r ffermwr wrthi'n ddiwyd yn ei weithdy ei hun yn paratoi'r coed yn ôl mesuriadau Huw. Ond ar ôl ei rhoi at ei gilydd, bu'n rhaid iddo alw'r Saer draw ato.

'Fedra' i ddim ei chael hi allan drwy'r drws,' oedd y broblem.

'Taw 'chan!' Bu'r ddau'n ei thrïo bob ffordd ond doedd dim yn tycio.

'Does dim amdani ond llifio dwy fodfedd oddi ar ei thraed,' oedd dyfarniad Huw. Hynny fu, ond roedd hi'n dal yn gyndyn i ddod allan.

'Dwy fodfedd arall oddi ar y traed!'

'Ond . . . ' protestiodd y ffermwr.

'Ia'n tad!'

Traed go fyr oedd gan y ferfa erbyn iddi ddod allan o weithdy'r ffermwr ac aeth y Saer adref gyda gwên ddireidus y crefftwr ar ei wyneb.

Fel amryw yn yr ardal, roedd Huw yn bysgotwr ymroddedig – daliai eogiaid a brithyllod yn llynnoedd a'r afonydd y cylch. Mi fyddai hefyd yn hela ffesantod yn y tywyllwch pan oedd o'n iau. Ifan Penygeulan gynt oedd ei bartnar yng nghoed Eidda a choed y Foelas. Roedd 'na lawer yn yr ardal – gan gynnwys y ciperiaid – yn amau mai mab y postmon a mab y Saer oedd wrthi ond chawsan nhw rioed eu dal. Nosweithiau barugog ar ôl cwymp y dail oedd eu hamser nhw ac mi gaent helfa o ryw ugain ar noson dda. Efo'r coed eirch yn y gweithdy y byddai Huw'n cadw'r adar. Mynd â nhw at Wil Berry neu rywun yn Betws i'w gwerthu wedyn – deuswllt am iâr a hanner coron am geiliog. A phres dathlu fyddai hwnnw. Mi gaent lawer iawn o gwrw am ddwy bunt a chweugain yr adeg honno a'u harfer nhw oedd prynu crêtiad cyfan o boteli Ginis dros y bar – er mwyn arbed amser cerdded yn ôl a blaen.

Roedd ffesantod (a chiperiaid!) yn bla yn yr ardal bryd hynny. Mi fyddent yn gwledda'n braf ar gnydau'r tenantiaid, ond doedd gan neb y plwc i wneud dim ynglŷn â'r mater. Roedd gafael yr Arglwydd Penrhyn yn dynn iawn ar yr ardal ac roedd Huw ac Ifan yn cael ias wrth deimlo eu bod yn herio'r hen drefn wrth botsio. Wedi dweud hynny, roedd ficer y plwy yn foi am dderyn, yn ôl Huw!

Cafodd Huw'r profiad o glywed ei reddfau yn ymateb yn gryfach yn ystod yr helfeydd hyn. Mi fyddent yn cerdded drwy goedwig hollol dywyll ond byddai eu cyrff yn gwyro'n reddfol dan gangen er nad oeddent yn gweld dim o'u blaenau. Dro arall, byddent yn gwybod bod y ddaear yn gollwng o'u blaenau ac ni fyddent yn cael cam gwag er nad oeddan nhw'n gweld y ris. Roedd rhyw synnwyr ychwanegol ar waith – roeddan nhw'n hela, ond yn cael eu hela yn ogystal.

Ar un adeg, roedd Huw yn canlyn Eirwen Wood, merch un o'r ciperiaid ac mi fyddai'n ei holi dros ei ysgwydd lle'r oedd ei thad y noson honno. Roedd hithau'n ddigon diniwed i ddweud pryd fyddai'n mynd allan. Wrth ddod yn ôl o garu un noson, gwelodd ddau aderyn ar goeden. Aeth adref i nôl y gwn potsiar – un efo carn pistol, oedd yn cael ei gario i fyny'r llawes o'r dŵrn i'r penelin. Saethodd y ffesantod a'u cario adref. Roedd yn cyrraedd y drws pan welodd olau car yn dod i fyny'r ffordd at y tŷ. Rhedodd drwy'r cefn, cadw'r gwn, lluchio'r ddau geiliogyn ar y bwrdd a cheisio ymdrwsio rhywfaint. Cnoc ar y drws. Y pen cipar oedd yno. Cadwodd Huw o ar y stepen drws ('rhag ofn iddo glywed ogla'!). Ond neges y pen cipar oedd: 'Mae hwn-a-hwn wedi marw – ddoi di i neud arch iddo fo?'

Hela yng nghoed Cwm Eidda, drosodd at Hafod Ifan a lawr at y llan fydden nhw. Mi aen draw am Bentrefoelas pan fyddent wedi sbydu'r ardal honno. Mi gychwynnent saethu wrth dŷ cipar Cwm Eidda – mi fyddai mam D.O. Jones, Tŷ Ucha yn dweud 'ei bod hi fel rhyfel yn y cwm 'ma neithiwr' yn aml. Saethent drwy'r nos tan bump neu chwech y bore. Yna codi ac i'r gwaith fel arfer y bore canlynol.

Roedd Ifan, medd Huw, yn saethwr arbennig o dda. Y gamp oedd ceisio cael dau aderyn gydag un ergyd os oedd hynny'n bosib. Un tro, saethwyd pump ac un ergyd ar un gangen uwch yr afon. Allan o baced o 24 o getris, fyddai Ifan ddim ond yn methu gyda rhyw dair cetrisen. Ond drwg Penygeulan oedd bod tad Ifan yn erbyn y potsio. Âi Ifan i'w wely a chogio cysgu, ond clymai gortyn am ei arddwrn a'i hongian y tu allan i'r ffenest. Pan ddôi Huw heibio, byddai'n nôl ystol a thynnu'r cortyn i'w ddeffro – ac roedd gofyn rhoi plwc go hegar weithiau.

Ennill weithiau, colli dro arall, ond yr un oedd y chwerthin wrth adrodd yr hanes. Roedd rhaid i'r ddau botsiar groesi afon Cletwr yn afagddu'r nos un tro. 'Gwna fan hyn,' meddai wrth Ifan a neidio, a glanio at ei wasg mewn pwll oer yn y lli. Dyma Ifan yn neidio yn is i lawr ac mi aeth yntau i mewn at ei ganol. Roedd hi'n rhewi ac roedd 'na beryg dal annwyd, neu rywbeth gwaeth, ac mi dynnodd y ddau eu sgidia a'u sanau a'u trowsusau a'u rhoi i sychu ar glawdd drain. Er mwyn cadw'n gynnes, rhedodd y ddau rownd a rownd y cae fel dau focsar. Mewn sbelan, dyma nhw'n ôl at y dillad a chael rheiny wedi rhewi'n gorn. A mynd adra mewn trowsusau haearn fu raid.

Mae amryw ohonon ni'n cofio am ffraethineb Huw Sêl yn yr ymrysonau beirdd fyddai mewn ceginau ffermydd yn Nyffryn Conwy flynyddoedd yn ôl. Mi gaech fflach gan Huw bob tro, ac roedd ei hiwmor yn codi o'i brofiad ac o'i adnabyddiaeth o bobol yn aml, a hefyd wrth ddychan arferion a gwleidyddion y dydd.

Mi fyddai yna lawenydd yn ei gyfarchiad bob amser. Bob tro yr awn i'r gweithdy 'Do-ow! MYR-ddin!' a'r pwyslais yn gwneud ichi deimlo'n bwysig. Ac mi *roedd* ei bobol yn bwysig iddo fo: 'Do-ow! Glyn Bach!' neu 'Do-ow! Yr Hen

Gwm Swch!' – byddai ebychnod ar ôl y cyfarchiad bob tro, a phawb yn 'ti a thithau' ganddo. Faint ohonon ni gafodd englynion personol ganddo fo i nodi dathliad neu benblwydd? Englynion rhyngon ni a fo oedd y rheiny ac yn adlewyrchiad o'r pwyslais roedd o'n ei roi ar gwmnïaeth dda.

Doedd ei lawenydd ddim yn ei rwystro rhag gwylltio o dro i dro, wrth gwrs. Ei gariad o at y pethau gorau oedd yn ei wneud o'n ddifynedd â rhyw fanion. Mi welodd fyd lle'r oedd papur yn tyfu i fod yn bwysicach na phobol; siwtiau'n bwysicach nag eneidiau. Dda ganddo fo 'mo'r mân reolau a chyfundrefnau a chorfforaethau – yr holl bethau bach sydd yn peri inni golli golwg ar y pethau mawr. Roedd ei weld o'n fflicio llwch sigarét i ganol shafins coed ei weithdy yn tystio i hynny.

Mi fu raid iddo fynd i gofrestru marwolaeth ei chwaer mewn swyddfa bwysig yn Abergele. Roedd y gorchwyl ynddo'i hun yn ddiflas ac mi godwyd ei wrychyn yn reit rhwydd wrth fethu â chael rhywun i'w wasanaethu yn y Gymraeg. Wedi diawlio a rhegi, mi ruthrwyd rhyw greadures fach ato oedd â rhyw grap ar yr iaith ond mi fuo raid iddo sillafu pob gair i honno. 'O lle ti'n dŵad, hogan?' 'O Gemaes.' 'Hogan o Gemaes, Sir Fôn yn methu sgwennu'n Gymraeg – be 'san 'ti dŵad!' Mi aeth oddi yno yn gweld y bliws. Mi gofiodd ei fod isho cinio i Rhodri ac mi aeth i siop Sbar: 'Hanner pwys o gig moch os gwelwch yn dda.' *'You what?'* Dim ond Saesneg yn fan'no wedyn. *'Half a pound of blydi bêcon!'* Ac mi roedd o wedi gwylltio mor gacwn nes iddo dalu am y cig a mynd o'no hebddo!

Gweld bodloni ar bethau sâl oedd yn ei wylltio. Gweld dyn ar delerau da efo fo'i hun a hwnnw heb achos i fod felly. Roedd Huw wedi dallt y gyfrinach fawr bod modd i bethau fod yn well, bod modd ymgyrraedd yn uwch drwy dipyn o falchder a thipyn o ymdrech ac roedd hunan fodlonrwydd ar bethau eilradd yn mynd o dan ei groen.

Doedd o ddim yn credu mewn byddigions a phobol gyffredin. Hynny, dwi'n amau, oedd wedi rhoi blas ar y potsian hwnnw ers talwm. Gwerin oeddan ni i gyd iddo fo a'r unig bobol fawr oedd y rhai oedd yn ymdrechu i wella pethau. Doedd ganddo unrhyw ffalster nac ymgreinio na pharchusrwydd.

Hynny oedd ei siom fawr wedi refferendwm 1979:

Tegwch ni fynn taeogion – i'w hen wlad,
    Plygant lin i estron;
Glynu wrth ei gelynion
Yw di-leit y genedl hon.

Na hidiwch: hoff eneidiau – synhwyrol,
    Sy'n aros, daw'r dyddiau
Y cleddir y celwyddau
A'r gwir yn disodli'r gau.

Ond er y gwylltio, roedd y ffydd yna mewn pobol yn ei gadw rhag suro a rhag torri'i galon. Roedd yr 'hoff eneidiau synhwyrol' yn llenwi'i fywyd.

Ymhyfrydai yn ei linach, y tair cenhedlaeth o seiri gwlad yr oedd yn perthyn iddyn nhw ar ochr ei dad; ymhyfrydai yn nheulu'i fam wedyn oedd wedi croesi'r Migneint o Ddolcnafon, Cwmralltlwyd ger Abergeirw, gan gerdded y stoc a dod â'u dodrefn efo nhw ar gefn trol i gartrefu ym Mhen-y-bont, Ysbyty Ifan. Enw o dros y mynydd ydi Bryn Llin lle symudodd Huw a'i fam yn ddiweddarach. Ymhyfrydai hefyd yn yfory ei linach ac roedd geni Rhodri yn wefr fawr iddo. Roedd Huw yn ddyn pobol o bob oed, yn ffrindiau mynwesol efo'r to iau yn ogystal â rhai hŷn ac mae amryw o'n hieuenctid yn ei golli cymaint â neb yn yr ardal.

Erbyn hyn, mae'n rhyfedd meddwl mai ar fynd i'r môr yn saer llongau y rhoddodd Huw ei fryd pan oedd yn iau. Ymysg ei nodiadau mae'n cofnodi'i fwriad i fynd yn brentis i Cammell Laird's. Mae un neu ddwy o'i delynegion yn defnyddio delwedd y môr i fynegi dyhead am ryddid, ac i dorri yn rhydd o gadwynau'r lan. Amgylchiadau teuluol gan gynnwys marwolaeth gynnar ei dad a chwalodd y cynlluniau hynny – yn hogyn ifanc, bu'n rhaid iddo ysgwyddo cyfrifoldebau teuluol. Dilynodd grefft y teulu o fewn ei filltir sgwâr a gofalodd am ei fam ar hyd ei hoes. Mae'n deg dweud mai bwrdd bwyd ei fam a gâi ffesantod cyntaf bob un o'i anturiaethau fel potsiar. Nid aeth i grwydro'r byd fel y breuddwydiodd am wneud yn ifanc, ond gyda phrofiad y blynyddoedd yn gefn iddo, dwedai'n aml nad oedd angen mynd o Sbyty i weld a nabod y byd a'i bobol.

Ymhyfrydai mewn pobl sylwgar. Y rheiny ddysgodd ef fod y pethau bychain yn bwysig, yn haeddu gofal ac yn rhan o gyfrifoldeb crefft dyn ar y ddaear. Wrth sôn am lunio cribiniau, sgwennodd:

'Deuai ambell un i'r gweithdy a phrynu un neu ddwy agosaf i law. Nid felly pawb. Cymerai Elis Hafod Las oriau i ddewis un. Gafaelai ynddynt o un i un, gwnâi osgo cribinio, pwyso a mesur, taro llygad ar hyd y goes, archwilio'r dannedd a neilltuo ambell un i'r rhestr fer. Mwy nag unwaith a dwywaith yr âi drwy'r domen i gyd cyn dod i'r penderfyniad olaf. Mae pobl heddiw'n prynu fferm â llai o fanylu.'

Pan oedd ar fin gorffen un celficyn arbennig yn ei weithdy, trodd at un o'r pentrefwyr i holi 'Wnaiff hi, dwa?'

'Duwcs, gwnaiff.'

'Digon da i'r wlad yn tydi,' oedd sylw Huw. '*Rhy* dda i'r dre.'

Daeth â'r byd i'w fywyd ei hun hefyd. Agrodd orwelion a chanfod rhyfeddodau. Yn nyddiau cynnar y Theatr Gymraeg, âi i Garthewin i fwynhau'r gwyliau drama ac i roi help llaw gyda'r setiau llwyfan. Roedd wrth ei fodd yn gwylio'r ymarferion a'r cyfarwyddo a bu'n actio gyda chwmnïau drama Ysbyty Ifan. Magodd lygad at geinder – wrth edrych ar goeden, nid pren a welai ond yn hytrach y ddresel, cwpwrdd cornel, troed pladur ac ati. Dysgodd ei hun i arlunio a llythrennu ac roedd yn dotio at luniau

William Russell-Flint, artist enwog am ei dirluniau ac hefyd luniau o ferched Sbaen a'r Sipsiwn. Trodd at lenyddiaethau tramor gan fwynhau barddoniaeth – ac athroniaeth – Omar Kayam. Gosodai drefn ar ei ardd lysiau yn flynyddol ac roedd yn arbennig o hoff o lwyni blodeuog – mae rhododendron mawreddog 'Lady Aberconwy' yn dal i dynnu sylw o flaen Bryn Llin bob gwanwyn. Roedd yn teimlo'n un â natur, yn rhan o undod y bydysawd, ac yn gweld coed yn debyg i bobl – roedd ambell goeden ddigon di-ddim yr olwg yn gallu rhoi trysorau o ran y coedyn, tra bod coeden arall braf a theg yn bwdr o'i mewn. Derw wedi tyfu yn y mannau garwaf oedd yn rhoi'r pren caletaf – a'r un oedd apêl cymdeithas yr ucheldir iddo.

Dysgodd eraill, wrth gynhyrchu drama, wrth drin y gynghanedd i ddangos parch at bethau bychain ac mi rydw i yn un o nifer sy'n ddyledus iddo.

Yr 'hoff eneidiau synhwyrol' eraill oedd cymeriadau o fewn ei gymdeithas ac arweinwyr ei genedl. Roedd Saunders a Gwynfor yn bobol fawr ganddo ers dyddiau cynnar amhoblogaidd y Blaid. Mae Orig yn sôn amdano yn mynd efo Huw ar gefn moto-beic i wrando ar Gwynfor yn y niwl uwchben Nant Gwynant. Mae profiad Orig yn un cyfarwydd i lawer yn yr ardal yma – drwy Huw Sêl yn y gweithdy, yn y felin yn Rhydlanfair, wrth gownter Jones & Bebb neu wrth far y Gwydir y clywodd llawer am y freuddwyd y gall Cymru eto fod yn genedl am y tro cyntaf. Huw Sêl a'i gwnaeth o'n Gymro, meddai Orig.

Yr 'hoff eneidiau' oedd yn llenwi'i fywyd ac yn ei aflonyddu. Mae gŵr anfodlon yn ymestyn ei hun at bethau gwell na'r cyffredin.

Roedd yn anfodlon gyda dodrefn ffatri, gyda gwaith sâl ffwrdd-â-hi, gyda choed meddal, stumiedig, gyda seiri hoelion a gliw. Dyna oedd yn rhoi y parch at grefft ynddo fo. A mwy na hynny. Nid 'saer crefftus', oedd o, meddai R.E. Jones, ond 'saer celfydd'. Roedd yna rywbeth mwy na chyfres o fesuriadau manwl a dewis a thrin yr arfau cywir yn ei weithdy o. Mae'n sôn yn ei lyfr am y gwahaniaeth rhwng 'amcan gof' a 'mesur teiliwr'. Yn yr ystyr hon, nid gair am fwriad ydi 'amcan' ond gair am fesur y fawd, am lygad dda. Gair am 'elfen' neu 'ddawn' ydi o, 'crebwyll' ac 'awen' efallai – yr awen honno sy'n troi crefft yn gelfyddyd. Nid saer gwlad da oedd Huw Sêl – roedd ganddo *amcan saer*: artist mewn derw oedd o. Ar ei daflen angladd, mae'n cael ei gyflwyno fel 'Saer coed a geiriau'. Yr un mor addas fyddai ei alw'n 'fardd coed a geiriau'. Mae'r llyfr sgwennodd ar grefft saer troliau yn fwy na dyddiadur technegol, mae o'n llenyddiaeth wedi'i sgwennu gan un â brwdfrydedd a chariad at y gwaith.

Roedd yn anfodlon ar unrhyw sathru ar y Gymraeg. Roedd hynny eto yn codi o'r llawenydd roedd o'n ei brofi wrth ymdrin â'r iaith. Dawn dweud, ymadroddion cyhyrog, geiriau cynnil – dyma oedd ei bethau. Ambell idiom, fel 'traed cathod' am *burr oak* yn peri iddo ddotio'n llwyr; 'pelydrau craidd' wedyn am y marciau melyn rheiny sydd ar ruddin estyll derw yn gwneud iddo wirioni. Manylai ar y defnydd o eiriau – troed pladur bob amser, meddai Huw, nid coes pladur.

'Clywed eich bod chi'n cwyno,' meddai Huw wrth rhyw wraig.

'O, dim ond rhyw anhwylder bach ar y stumog,' meddai hithau. 'Mae'n rhy fuan i ti ddod hefo dy dâp mesur.'

'Rhaid fod yna rhyw hen slecod o gwmpas,' meddai Huw wedyn. 'Yn rhyfedd iawn roedd "hon a hon" yn cwyno 'run fath yn union, ddoe ddwytha'n y byd.'

Er bod golwg bregus arni cynt, dyma hi'n tanio. 'Rhyfedd yn y byd,' meddai, "tawn i wedi piso trwy nghlustia', mi fydde honno wedi gwneud o 'mlaen i.'

Roedd yn dotio bob amser at ddywediadau gwreiddiol Nansi Tai'n Maes. Ar ben hynny, roedd yn ffrindiau mawr gyda hi ac yn hoff o ailadrodd ei pherlau yn ei sgyrsiau. Mi ddwedodd hi am rywun efo pengliniau braidd yn amlwg, bod pengliniau 'fel dau gorcyn fflasg' ganddo fo. Pan oedd

Huw yn gweithio i'r stad, roedd o'n gyfrifol am waith saer ar y ffermydd. Roedd Nansi ar ben drws yn disgwyl amdano ar ddiwedd un prynhawn:

> 'Chlywais ti 'run o'r pethe'r stad yma yn sôn am ddrws y *dairy* yma decini, mae o'n rhygnu ar hyd y llawr ers dwn i ddim pryd, a rhaid i ti gario fo i'w gau a'i agor.'
> ''Run gair,' atebodd Huw.
> 'A ble buost ti heddiw yn hel gwair i dy gŵn, mor hy a gofyn?'
> Rhywbeth nad oes angen i'w wneud ydi 'hel gwair i gŵn', wrth gwrs.
> 'Wedi bod ym Mryn Ddraenen,' atebodd y Saer 'yn gosod *sliding door*.'
> 'Taw dithe,' meddai Nansi fel ergyd. 'Tydio'n beth rhyfedd? *Sliding door* ym Mryn Ddraenen, a drws yn llusgo yn Nhai'n Maes' a phwyslais mawr ar y 'sliding' a'r 'llusgo'.

Wrth sôn am rai gorchwylion saer gwlad, soniodd Huw am 'jobsus tri ŵy un cyw' – sef y gwaith nad yw'n talu. Câi wefr mewn cofio ambell lysenw oedd yn cyrraedd ymhell fel Apostol Parddu, y cymeriad o Sbyty oedd byth yn gweld sebon, a Cadi Wynab Ffaro. Roedd yn mwynhau gweld eraill yn ei medru hi – roedd gwaith William Jones Nebo, Tilsli ac R.E. yn uchel ganddo. Daeth Tilsli heibio giât Bryn Llin pan oedd Huw yn yr ardd a Rhodri'n fabi.

'Faint ydi'i oed o?' holodd Tilsli am Rhodri.
'Ugain mis.'
'Yr hogyn mawr ugain mis' meddai Tilsli fel ergyd o wn. Byddai Huw'n mwynhau sydynrwydd crefft fel yna, llinell eithaf cymhleth i'w chyfansoddi'n fyrfyfyr. Awdlau Dic Jones wedyn – roedd y rheiny yn fwy na barddoniaeth iddo. Dwi'n ei gofio ar y stryd yn dre yn llafarganu

> 'Beth yw gofal y galon mwy i mi
> A'r ŵyn yn heini a'r drain yn wynion?'

ac yna, dan chwifio'i freichiau fel rhyw ganwr opera:

'Bydd gwanwyn a bydd geni'n dragywydd'.

Mi'i gwela i o rŵan – roedd o'n hanner dawnsio yn ei unfan ar y pafin. Roedd y llawenydd sydd yn y llinellau hynny wedi cyffwrdd â rhywbeth dwfn yng ngwaelod ei fod. A doedd hi ddim hyd yn oed yn wanwyn ar y pryd!

Oedd, roedd yn anfodlon ar y llipa a'r llwyd – ond anfodlonrwydd creadigol oedd o, a hynny yn rhoi egni iddo. Mi ddywedodd os nad oeddan ni yn barod i ddioddef, yna byddai'n rhaid i'n plant ddioddef. 'Os nad y ni – pwy? Os nad rŵan – pryd?' Dyna pam fod cyfran o'r gronfa goffa i'w rhoi i hyrwyddo Cymdeithas yr Iaith. Dyna pam yr oedd o mor falch, mor ddiolchgar am ganlyniad refferendwm '97 – a phan glywodd ganlyniad Môn, 'Hwran!' oedd ei ddisgrifiad o'r fam-ynys.

Gwyddai fod hyn yn bosibl. Mewn drama, yn ei ddiddordeb ym myd arlunio, yn ei hoffter o bobl, yn hud y machlud ar y Mignedd, yn lliw y wawr ar bren onnen, yng nghân y nant yn y cwm, roedd yn rhyfeddu ac yn llawenhau o hyd. Rhyfeddai at wytnwch a gwreiddioldeb ei genedl hefyd a doedd ganddo ddim cywilydd ohoni er ei holl wendidau.

Does yna yr un athro, gweinidog, cynghorydd, blaenor na bardd wedi rhoi cymaint o haearn yng ngwaed ei bobol â Huw. Roedd yn dywysog ac yn un o'r hogiau yr un pryd, yn arwain drwy annog a chymell, drwy greu pethau a byw ei fywyd yn llawen yn hytrach na malu awyr a phwyllgora. Rhannodd ei weledigaeth a'i gyfrinach fawr efo ni ac rydan ni'n gyfoethocach o gael ei gwmnïaeth ffraeth. Rydan ni'n fwy llawen o gael ei nabod. Na, fedrwn ni fyth fod yn drist wrth gofio Huw Sêl. Y tristwch yw na welwn ni fyth eto un yr un fath ag o.

Welwn ni fyth eto ŵr all lunio olwyn *a* llunio englyn; creu cadair Genedlaethol ac ennill gwobr am sgwennu llyfr yn yr un eisteddfod; saernïo troed pladur i D.O. a chyfansoddi englyn i'r perchennog mewn pensal ar hyd y troed; codi

silffoedd mewn siop lyfrau a rhoi englyn ar y bil wrth fynd i
nôl ei bres. Mae'r awdurdodau wedi paentio cwt y Saer yn
Sbyty bellach; mae'r shitiau sinc rheiny fu'n rhydu yng
nghyfnod prysurdeb Huw Sêl wedi eu cadw i'r oesoedd a
ddêl a hynny yn ddel iawn. Mae gennon ni'r modd i achub
mynydd ond fedrwn ni ddim gwarchod y gwareiddiad sy'n
mynd i greu bardd o saer olwynion yn y plwy yma eto.

Rhy hen a rhy wahanol yn yr ystyr orau, Huw. Dyma
gywydd a sgwennais iddo rai blynyddoedd yn ôl. Mae'r
cywydd, wrth reswm, yn yr amser presennol – a wela i ddim
bod angen newid hynny:

Huw Sêl

Ym mro'r mawn, ar brynhawn hwyr,
welais innau gael synnwyr,
ac mi af, pan ganaf gân,
ar drafael drwy Dir Ifan
i ofyn i Huw ei llyfnhau
a rhoi'i gŵyr ar ei geiriau.

Cochliw yw'r sinc uwchlaw'r sied,
nhw'thau'r muriau cyn noethed;
y drws yn hŷn na dresel –
nid o'r paent y daw'r apêl!

Af i eistedd efo'i estyll
a gwylio'i ddwylo a'i ddull:
y Saer wrth ei bleserwaith
yn araf gael arfau gwaith
i roddi llun i gerdd llaw,
y dalent mewn deheulaw.

Mae 'na heddwch mewn naddion
yn seiat awr y sied hon;
ac ar glyw mae geiriau gwlad –

y mae'r Saer mewn hwyl siarad;
mae rhamant Cymru imi
ym mrawdgarwch y llwch lli.

I mi, Saer yw'r mesurydd
a hen sail i'w amcan sydd:
erioed, wrth edrych coeden,
drwy'r pridd mae'n llygadu'r pren;
mae dawn ym mwrlwm y dyn
gyrhaeddith at y gwreiddyn.

Gan iaith y lluniwyd ei gnawd
ac i'w fedd, digyfaddawd
yw'r gŵr hwn; ni wn am neb
â'r un graen a gwarineb.

Gyda phlaeniad go gadarn
daw rhwyddhau ystyr rhyw ddarn;
oedi, a chraffu wedyn,
er sŵn da a'r asio'n dynn.

Trin y pren a'r awen hon
wna'r tywysog morteision
ac mae'n braf yn y shafins
efo Huw Sêl a'i fashîns.

Mwg ei dân sydd wahanol,
daw o fflamau oesau'n ôl;
nid rheol iddo'r trowynt,
ni wyra'r gŵr gyda'r gwynt;
mae'n ddeddf, yn reddf ar wahân,
yn ŵr rhyfedd Tir Ifan,
yn gall o dan ei gellwair,
yn goch ei waed, gwych ei air.
Hedyn o'i ydlan ydwyf
a mesen o'i awen wyf.

Myrddin ap Dafydd

Huw Selwyn a Gwrthryfel Glyndŵr

Mae cymeriad o'r enw Huw Selwyn o Nant Conwy (a chyfaill iddo o'r enw Gwilym ap Beryw) yn ymddangos yn y nofel **Betws Hirfaen** *gan J.G. Williams (neu 'Jac Pigau'r Sêr') – nofel am flynyddoedd cynnar gwrthryfel Owain Glyndŵr a gyhoeddwyd gan Wasg Gee yn 1978. Roedd yr awdur yn gyfaill agos i Huw Sêl a Wil Berry (y siopwr a'r gwenynwr o Lanrwst; tad Dwynwen sy'n cadw'r siop lyfrau yn y dref). Cyfarfodydd cenedlaethol cynnar, ysgolion haf y Blaid â ddaeth â'r criw at ei gilydd a selio'u cyfeillgarwch yn ystod y 1930au a 1940au.*

Gwrthododd Jac Williams ymuno â'r lluoedd arfog yn ystod yr Ail Ryfel Byd ar sail cenedlaetholdeb Cymreig – nad oedd gan swyddfa ryfel Whitehall hawl dros fechgyn a merched Cymru. Ymunwyd ag ef yn ei safiad gan eraill o Nant Conwy a soniodd Wil Berry am griw bychan ohonynt yn cynnal ymarferion catrodol yng nghoed Nant Bwlch-yr-heyrn uwchben Llanrwst gyda golwg ar sefydlu byddin i amddiffyn Cymru. Nid heddychwyr oeddynt, ond dyrnaid ysbrydoledig oedd eisiau amddiffyn daear a phobl Cymru rhag polisïau ymerodrol llywodraeth Llundain.

Pan aeth Jac Williams ati i sgwennu ei nofel fawr ar wrthryfel Glyndŵr, rhwng y golygfeydd am y brwydrau a'r peryglon, creodd olygfeydd ysgafnach yn portreadu cyfeillgarwch a chydddealltwriaeth clòs y minteioedd yn y gwersyll. Daeth criwiau ynghyd o bob cwr o Gymru, gan ddod â'u tafodieithoedd, eu brogarwch, eu cymeriadau, eu crefftau a'u tynnu coes gyda nhw gyda'r ymgyrch fawr genedlaethol yn eu huno a'u hasio yn fyddin genedlaethol dan faner a gweledigaeth Glyndŵr. Dywedodd teulu Jac Williams fod yr ymdeimlad hwnnw yn codi o brofiadau'r awdur a'r brawdgarwch a ymdeimlodd yn y 'gwersylloedd' hynny.

Pan ddaw Rhys Gethin o Nant Conwy â mintai Eryri i ymuno â byddin Owain ym Maesyfed, cyn brwydr Bryn Glas yn haf 1402, mae Emwnt Arth o Lŷn, Einion ap Rhys a Sincin Ddu o Gydweli a Dafydd a Iolo o Eifionydd yn trafod am y deddfau cosb yn erbyn y Cymry, ac yn erbyn y beirdd yn arbennig:

'Sôn am Bolingbroke,' medd Sincyn Ddu, 'glywaist ti am y cyfreithiau mae e Harri yn hwylio ati i dynnu mas nawr? 'Does dim hawl 'da ti – os wyt ti'n Gymro – i fod yn berchen ar na thir na thai yn ardaloedd y mers nac yn y trefi bwrdais yn unman trwy Gymru. Ond – os wyt ti'n Sais – cei di wneud unrhyw ddrygioni ar dir Cymru heb fod gan unrhyw Gymro hawl i ddwyn achos yn d'erbyn – llai fyth dy gondemnio. A Duw a helpo'r beirdd a'r glêr yn awr. Mae e Harri am ddeddfu nad oes cyfarfodydd nac unrhyw fath o gynulliadau o Gymru i ddigwydd yn unman, a bod pob bardd a cherddor i gael eu difodi ar unweth. Bydd yn anghyfreithlon i neb fod yn fardd yma o hyn i mas . . . byth mwy, ac fe gosbir pwy bynnag a geir yn euog o noddi'r beirdd. Ych chi'n gwpod beth mae'r Saeson hyn yn galw beirdd y Cymry y dyddie hyn? Wasters – rhymers – vagabonds . . . Na chi – Duw caton pawb!'

'Glywaist ti hynna 'machgan i?'

Wrth glywed llais dwfn Emwnt Arth, codaf fy mhen i edrych, a gwelaf fod Huw Selwyn a Gwilym ap Beryw wedi ymddangos o rywle ac yn sefyll uwch ein pennau yn gwylio'r trwsio ar y cyfrwyau. A brysia Iolo i gyflwyno'r ddau i wŷr Cydweli.

'Bechgyn Nant Conwy ydi'r rhain, gyfeillion. Newydd ddod i mewn yma rŵan efo Rhys Gethin. 'Does gan Huw Selwyn ddim math o hawl i fod ar gyfyl y lle 'ma, wrth gwrs, am ei fod yn un o feirdd mwya'r gogledd acw – rhaid inni beidio â gadael i Bolingbroke ddod i wybod amdano. Ac am Gwilym ap Beryw fan hyn – na ryfeddwch os gwelwch chi wenyn yn hedeg allan o'i glustiau weithiau – dyma'r gwenynwr gorau yn nhir Gwynedd ar hyn o bryd.'

'Paid becso ambeutu beirdd a gwenyn bachan – 'does dim hawl 'da dim un ohonon ni sydd yma'n y gwersyll hyn â bod yma 'Sdim hawl 'da dim un ohonon ni i dynnu anal. Grindo nawr – *Welshmen shall not be armed* – ma fe Harri moyn deddfu nad oes dim un Cymro i fod yn arfog yn unman trwy Gymru o hyn i mas. Ma peth felna'n hala fi i werthin llond bola – oti mynyffarni – wrth imi ddisgwyl ambeutu man hyn . . . beth wede Bolingbroke pe gwele fe'r gwersyll hyn?'

'Beth ddeudith y cythral yfory, dyna garwn i wybod,' medd Gwilym ap Beryw.

'Pam ot ti'n gweid hynna nawr?'

'Am fod yma baffio'n mynd i ddigwydd yma 'fory – 'nôl fel ydw i'n dallt. Mi fydd Rhys Gethin yn malu Bolingbroke yfory ichi – yn chwilfriw mân. Mi rhwygith Rhys o – a chodith o byth eto.' Wrth iddo fwynhau ei fygythio ar frenin Lloegr mae Gwilym ap Beryw yn eistedd wrth y tân wrth ochr ei gydymaith Huw Selwyn.'

Ar fwy nag un achlysur yn y gyfrol, mae'r awdur yn cyfeirio at fwrlwm a hyder milwyr Nant Conwy yn y gwersyll. Mae'n ein hatgoffa o afiaith Huw Sêl pan fyddai yn ei hwyliau. Y noson cyn brwydr Bryn Glas eto:

Syll pawb i'r tân yn syn. Hyfryd yw cael profi o'r hyder sy'n berwi allan o hogiau Nant Conwy, hyder Rhys Gethin.

Adeg gwarchae byddin Glyndŵr ar gastell Llanbadarn, mae'r minteioedd yn cyfarfod eto ac yn adrodd hanesion yr ymgyrch:

'Mae gwŷr Meirion wedi bod yn gwasgu'n dynn ar y castell yno trwy'r haf yma, ac mae llongau Ffrainc a Llydaw wedi bod yn cadw'r môr yn lân inni. Glywsoch chi am orchest Robin Holland o Eglwys Bach?'

Mae Gwilym ap Beryw a Huw Selwyn yn ymsythu ac yn gloywi eu llygaid wrth iddynt glywed enw eu cyfaill agos. Ac maent yn aros yn eiddgar i glywed yr hanes.

'Fe anfonwyd cwnstabl newydd i gastell Harlech, wyddoch chi, i gymryd lle Richard Massy – hwnnw wedi cael llond bol a mwy na hynny ar lwgu yno mae'n debyg. Ac mi ddaeth un o'r enw John Hennore i gymryd ei le. Mae'n rhaid bod y John hwn wedi cymryd yn ei ben y buasai'n gwneud enw iddo'i hun trwy ddangos i'r arglwyddi yn Lloegr y sut a'r modd i godi gwarchae. Beth bynnag – cyn gynted ag y cyrhaeddodd o i Harlech mi aeth ati i geisio torri'r gwarchae trwy arwain ei wŷr allan o'r castell ar ryw berwyl yn erbyn ein gwŷr ni. Ac mi ddisgynnodd Robin Holland a'i fintai arno fo . . . ac am wn i nad yn naeardy castell Dolwyddelan y mae John Hennore byth wedi hynny . . .'

Mae trwyn Gwilym ap Beryw yn dechrau ystumio'n ddigri, a chiliau ei wefusau yn ymestyn yn wên gynnil fel y mae'n troi'r darlun sy'n ei feddwl am orchestwaith ei gyfaill, a thry i syllu ar wyneb Huw Selwyn wrth ei ochr. Syll Huw yntau yn ôl yn fwyn arno, a gwelaf bod y ddau yn cyd-fwynhau yn ddedwydd fuddugoliaethus heb yngan yr un gair.

Mae Deiniol yn troi at y gwŷr o Nant Conwy: 'Beth fu eich hanes chi yn ddiweddar?'

Try Huw Selwyn i ateb: 'Wedi bod yn cadw golwg ar Bolingbroke. Mi ddaeth yr annifyr hwnnw drosodd am unwaith yn rhagor. Trwy'r deheubarth yna. Cyn belled â Chaerfyrddin. A'r diwedd fu i'r Tywysog ein hanfon ni tua'r gogledd yma – rhag ofn i'r Cethin fethu â dal heb ymosod, mae'n fwy na thebyg. 'Dyw gras i ymatal ddim yn digwydd bod yn un o nerthoedd mwyaf ein Rhys ni, fel y gwyddoch chi'n dda.'

Mae 'yr annifyr' ac wedyn 'y cethin' yn droeon ymadrodd sy'n ein hatgoffa o ffordd Huw o siarad.

Barddoniaeth Huw Sêl

Mae'r ymadrodd 'saer gwlad' yn disgrifio crefft arbennig at anghenion neilltuol. Yn yr un modd, mae 'bardd gwlad' yn diffinio'r crefftwr hwnnw sydd wedi meistroli digon o fesurau i ateb y galwadau o fewn ei fro i gyfansoddi englyn coffa, rhigymau tro trwstan, cywydd dathlu neu benillion cyfarch. Ar ben hynny, mae'n arferol bod beirdd gwlad yn ymryson â'i gilydd ar Dalwrn y Beirdd ac mewn eisteddfodau, gan loywi'u crefft a chael beirniadaeth a gwobr neu ddwy.

Mae lle anrhydeddus i'r bardd gwlad o fewn y traddodiad barddol Cymraeg – mae wedi ysgwyddo hen fantell y bardd teulu yn llys y tywysogion yn yr hen oesoedd ac yn elfen hanfodol o'r wedd gymdeithasol ar farddoniaeth sydd mor amlwg yn y diwylliant Cymraeg o hyd. Mae'r rhan fwyaf o feirdd Cymraeg yr unfed ganrif ar hugain yn parhau i wisgo'r fantell hon yn ysbeidiol – ac yn gwneud hynny â balchder. Ond roedd Huw yn casáu'r cysylltiadau nawddoglyd a dyfodd yng nghynffon y dywediad 'bardd gwlad' – teimlai bod rhai ysgolheigion a beirniaid llenyddol yn ei ddefnyddio'n snobyddllyd i wahaniaethu rhwng beirdd gwerin a beirdd 'go-iawn'.

Yn Ysbyty Ifan a chymoedd uchaf Nant Conwy, cyflawnodd Huw Sêl swyddogaeth y bardd cymdeithasol am ddegawdau. Mae'i gywyddau priodas a'i englynion cyfarch yn lân eu mydryddiaeth ac yn rhoi geiriau i'r hyn sy'n ein calonnau. Mae'i rigymau tynnu coes yn ennyn chwerthin ymysg ei gynulleidfa, ac yn grafog a dychanol yn ôl yr hen drefn ar brydiau. Yn ei gerddi coffa, mae'n taro tant tyneraf dynoliaeth wrth gydymdeimlo ac uno cymdeithas gyda theulu yn ei alar. Roedd o'n feistr ar yr englyn digri ac er mai ffrwyth cystadlaethau eisteddfodol yw llawer o'r rheiny, mi rydan ni'n clywed hiwmor Huw ynddyn nhw a'i lais unigryw – yn aml gyda thinc o eironi neu hiwmor du yn y gynffon.

Ond dydi 'saer gwlad' ddim yn ddigon i gyfleu rhychwant y grefft roedd Huw yn ei dilyn yn ei weithdy. Roedd yn saer olwynion – un o'r gofynion mwyaf technegol gywrain ar unrhyw grefft. Cynlluniai a chreai ddodrefn ar batrymau clasurol. Rhoi sylw i fân, fân bethau wrth ddewis coed, mesur, cynllunio a rhoi gorffeniad sy'n codi crefftwr da i fod yn saer dodrefn cain.

Mae Huw yn gadael ar ei ôl gerddi sy'n cyrraedd yr un tir ym myd barddoniaeth – mae ganddo gerddi 'bwrdd cegin' a cherddi celfydd y parlwr gorau. Bu'n athro beirdd a chynhaliodd ddosbarthiadau cerdd dafod; roedd yn gyfarwydd â gorau ei draddodiad ei hun a llenyddiaethau eraill. Bu'n ddolen yn y traddodiad hwnnw, yn trosglwyddo'r hen ddawn i genhedlaeth newydd. Bardd anfodlon oedd o, yn arbrofi gyda mesurau a mynegiant yn aml er mwyn ceisio cael y ffordd orau o ddweud yr hyn roedd o'n ei deimlo.

Roedd dau fardd swyddogol yn hen lys y tywysogion. Y 'bardd teulu' oedd un – y bardd cymdeithasol. Y 'pencerdd' oedd y llall. Siarad â'i genedl – drwy glust y tywysog, ei noddwr – yr oedd y pencerdd, ac yn aml roedd yn gydwybod i'w gydwladwyr yn ogystal.

Yn ei fro, gwelodd Huw Sêl y byd, ac yn y byd hwnnw, gwelodd le ei genedl. Gwyddai fod yr ateb i lawer o'r problemau oedd yn gwasgu ar y gymdeithas leol yn gorwedd y tu hwnt i ffiniau'r fro honno. A gwyddai fod rhaid i'w gyd-ardalwyr sylweddoli'r grym a allasai fod yn eu dwylo yng nghyd-destun Cymru fel gwlad cyn y dôi pethau'n well. Cafodd fyw i weld camau cyntaf y daith honno ac er bod dwrdio taeogrwydd ei genedl i'w glywed yn ei gerddi, mae haul mawr y gobaith sy'n perthyn i'r sawl sy'n adnabod gwytnwch a goroesedd hen wreiddiau yn tywynnu drwy ei waith yn ogystal. Gwelai'r rhinweddau hynny mewn eraill – mae'i englynion coffa i R.M. Williams gystal â dim y gellid eu canu er cof am Huw Sêl yntau.

Mae ei faniffesto yn ei awdlau a'i bryddestau, ond yn ei delynegion efallai y down agosaf at ei galon. Dwi'n teimlo rhyw hiraeth dim ond wrth eu darllen – hiraeth am a gollwyd, hiraeth am yr hyn yr ofnir ei golli a hiraeth am y dyn ei hun. Ond, medd Huw, oherwydd yr hiraeth a'r gofid hwnnw y mae o'n gwybod beth yw gorfoledd. Yr hyn sy'n aros yn ei gerddi, ac wrth ei gofio yntau, ydi'r tân, y gwreichion, y pelydrau'n dawnsio a'r golau'n gwawrio.

'Teimlais esmwythder hen iau fy nghynefin
A theimlais y gwanwyn yn cerdded fy mhridd.'

Myrddin ap Dafydd

Englynion

Gwynt y Dwyrain
(englyn protest)
Hy' ei ddig, ofnaf ei ddod
Drwy'r hesg a'r cawn yn llawn llid;
Yn ei fâr, un yw a fed
Hen a gwan i'r llan i gyd.

Oed
Rhoes liw coch ar hyd fochau – a hir sgert
      Dros ei gweill o goesau,
  Hi a brynodd ei bronnau
  Yn y siop er mwyn nos Iau.

Tai Haf
'*The Rowans*' lle'r oedd y Rhiwiau – a'r '*Haven*'
      Ydyw'r hofel droliau;
  '*The Knoll*' sydd ar Bryn Golau,
  '*For Sale*' ar y capel cau.

Y Cynghorydd
D'wedodd mor dda'r Ceidwadwyr – yna trodd
      Pan ddaeth trai at Lafur;
  Roedd frwd dros y Rhyddfrydwyr
  A'r Blaid Bach bellach sy'n bur.

Cymydog
At dân yr aelwyd honno – yr elwn
      Am yr hwyl a'r sgwrsio;
  Wedi i hwn ddyfod yno,
  Does yn awr ond '*Yes*' a '*No*'.

Bargen

Wyneb toes, feingoes, fingam, – a hen hwch
    Ddigon hyll, – hyll gythgam,
  Ond 'dyw Dei yn hitio dam:
  Y mae arian gan Miriam.

Beddargraff meddyg

Ni ddwg dy holl feddygaeth – di allan
    O dwll hen marwolaeth,
  'Wna hynny ddim gwahaniaeth
  Yn y gist – ei di ddim gwaeth.

Swildod

Drwy oesau buom heb drowsus – nes daeth
    Oes y dyn gorbarchus,
  Yna bu raid gyda brys
  Rywsut ddyfeisio bresus.

Dŵr

Diferion ddigoni ddau – a roes o'r
    Rheithor sych, di-ddoniau;
  Hael a brwd fu'r bwndel brau,
  Di-ddant â'i fedydd yntau.

Sebon

Rhai ro'nt sebon ddigonedd – yn y byd
    A chânt barch di-ddiwedd:
  Gyr ewach i sicrach sedd
  A rhyw Siani i'r Senedd.

Cwlwm

Rhamant a fu'n ei rwymo – yn dyner,
    Yn dynn, hyd pan ddelo
  Hen law grin yr edwino
  Un dydd, yma i'w ddatod o.

Tafod
Dau lygad sydd gennyt Cadi, – dwy glust,
    A glyw pob hen stori;
  Diolch a wnaf heb dewi
  Fod – ond un tafod gen 'ti.

Y Bad Achub
Gyrrir gan rym brawdgarwch – i wyll oer,
    A llaw wen tynerwch
  Ac angel diogelwch
  Ar y cyd yn llywio'r cwch.

Yr Hipi
Fi'n T.T., fo am ddiod; – fo'n wirion,
    Fi'n wâr a di-bechod;
  Y fi'n Syr a fo'n sorod;
  Neu fo sy'n iawn, – fi sy'n od?

Bargen
Er dewis meinir dawel, – wych ei threm,
    Merch â thras aruchel,
  Pŵr dab! dychwelodd Abel
  Yn was am oes o'i fis mêl.

Sorri
I Soar aeth o Seion, – i Shiloh
    O Salem at Saeson;
  'Mhen mis o Sardis aeth Siôn
  I sorri eto'n Saron.

Paent
Peidiwch wir, hogiau gwirion; – ni ddaw lwc
    O ddileu'r arwyddion;
  Fel 'jet' daeth Janet gwraig John
  Yn dinnoeth o'r lle dynion.

Bedydd

Y Ficer roes ddiferion – o ddŵr oer
    Yng ngŵydd rhes o dystion,
Ond oerodd ei wên dirion
Pan ddaeth lli o napi Non.

Syched

Er yfed, beunydd sychedaf – a byw
    Mewn bar a ddymunaf;
Oedi'n hir ac yfed wnaf
I'w hysbyddu nes boddaf.

Stopio Smocio

Un Sadwrn yn hynod sydyn, – Abel
    Roes heibio ei getyn.
Bu'n Sul caled, ac wedyn
Tanio slei tua nos Lun.

Trwyn

Nid eli ac nid oeliach – wnaeth y wyrth,
    Nid nerth haul na phowdrach;
Rhyw fodd daeth lliw rhyfeddach
I drwyn Ben o wydryn bach.

Lecsiwn

Amen i'r annymunol, – y gaddo
    A'r gweiddi tragwyddol;
Mi fotiaf i'r diafol
Cyn rhoi'r lladron eto'n ôl.

Gitâr

Y mae blys nwydus eneidiau – y nos
    Yn ei hiaith ddi-eiriau,
A gwaddod hen ddefodau
Y gwyll o'i llinynnau'n gwau.

Argae
Diddanwch heb dyddynnod – wedi mynd
    Gyda'u mwynder hyglod;
  Trist gwm y trais di-gymod
  A'i enaid byw wedi bod.

Y Compiwtar
Dyfais giwt yw'r compiwtar – a'i allu
    Yn welliant ar sgolar;
  Teclyn y syms pyticlar, –
  Dim owns byth na dime'n sbâr.

Y Dyn Sgrap
Hwn dâl am hen bedolau, – tresi cart,
    Batris ceir a sbringiau,
  A rybish twll-dan-grisiau
  Dynn o'i ddwrn rhyw swllt neu ddau.

Trothwy
Y rhyddid tu draw iddo – a'i hudodd
    I ymadael trosto;
  Heddiw, o'i hynt, rhoddai o
  Deyrnas am gael bod arno.

Tafod
A roed un sbâr i Mari? – Onidê
    Ai un dur sy ganddi?
  Y twll lle ma'i thafod hi
  Ydyw warws pob stori.

Dyn Bach
Y diniwed gwan ewach, – ei hobi
    Yw sebon a phowdrach
  A rhedeg nes yn llegach
  Ar wŷs un bys, druan bach.

Dysgu Dreifio
Lladd iâr a chlwyfo myharen, – a thwlc
    I ŵr â thair streipen,
  Refio mawr ac ar fy mhen
  I gesail blaenor Gosen.

Yr Arwerthwr
Mae hwyl lle mae'n morthwylio – a hyblyg
    Barablu lle byddo;
  Wedyn, 'rôl hir berswadio
  Winc sydyn a fynn efô.

Y Diafol
Un dig wrth weinidogion, – un heria'r
    Blaenoriaid yn gyson,
  Yn arswyd fyth i berson,
  Yn boen i Bab yn y bôn.

Corlan
Llwyfan miwsig gwelleifiau, – a geirwon
    Hen gerrig yn gloddiau,
  Nodded a charchar preiddiau
  A chŵn wrth ei phyrth i'w chau.

Garddio
Ni chaf er trafferth a chwŷs, – er rhoi tail
    Ac er 'tips' y musus,
  Nac onion set na letus,
  Na thaten, ffeuen na phys.

Magu
'Triplets' a gafodd Betsi – yna 'twins',
    A twt, rydw i'n ofni
  Yn y man bydd ei phram hi
  Yn o lawn eto 'leni.

Eirlys
O'i roi ymysg y rhai mawr – yn yr haf
    Ni welir hwn nemawr:
  Mewn hin gas y mae o'n gawr
  Ei hunan ym mis Ionawr.

Nadolig 1979
Fe lifodd cyfalafiaeth – yn ei rhaib
    Dros yr ŵyl mewn bariaeth;
  Yn don wyllt newid a wnaeth
  Rin y geni'n baganiaeth.

Dolig '79
Boed i seren llawenydd – yn y nen,
    Droi y nos yn wawrddydd,
  A heued yn dragywydd
  Olau ar ffordd teulu'r Ffydd.

Ci Potyn
Gwaith ofer yw gweiddi Pero, – na Mot
    Na Meg chwaith, na Thango,
  Erys yn ddiawl di-daro
  Yno'n glyd uwch y tân glo.

Gwraig
Nwyd pob cerdd, enaid pob cân – hi yw grym
    A gwraidd fy myd bychan,
  Onid hi yw fflam y tân
  Enynwyd yn fy anian.

Anian ddi-dderbyn wyneb – a'i henaid
    Yn wanwyn o burdeb,
  A rhin pob mwyn warineb
  A wna hon yn well na neb.

Wedi Refferendwm Mawrth 1af, 1979

Tegwch ni fynn taeogion – i'w hen wlad,
    Plygant lin i estron;
  Glynu wrth ei gelynion
  Yw di-leit y genedl hon.

Na hidiwch hoff eneidiau – synhwyrol,
    Sy'n aros, daw'r dyddiau
  Y cleddir y celwyddau
  A'r gwir yn disodli'r gau.

Hen Gariad

Ni wn pa le mae heno, – harddaf ferch
    Barodd fôr o gyffro;
  Erys cur ar risiau co'
  A swyn o achos honno.

Cynffon

Atodiad digon teidi – yw i'r llo
    Neu i'r llew neu fwnci;
  I ddyn y mae'n wrthuni
  Cael cynffon fel cynffon ci.

Pysgotwr

Ei nod yw dal pysgodyn – hardd y gêr
    A ddug ef i'w ganlyn;
  Os gall efo dwyllo dyn
  Ni thwylla'r hen frithyllyn.

Y Sgert Gwta

Anweddus, prin ei defnyddiau; – yn wir,
    Hen sgert nobl ein neiniau
  Aeth yn ddim ond pwyth neu ddau
  Uwch dwygoes y chwedegau.

*Huw yn ei gynefin – ar bont Ysbyty Ifan
ac yn darllen* Y Cymro *yn ei weithdy.*

Huw a'i chwiorydd:
Cassie, Gwen ac Olwen

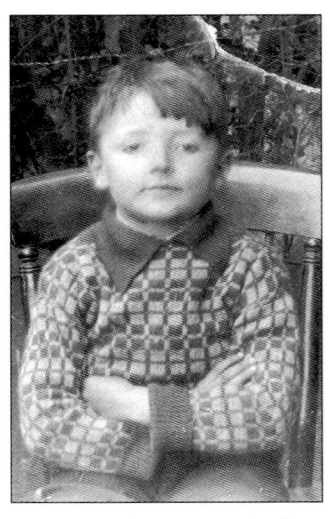

Yn hogyn ifanc yn ysgol y llan

Plant ysgol Ysbyty Ifan, 1928:
Rhes ôl (o'r chwith) – Miss Jones Dolydd, Ieuan Hughes, Iorwerth Hafod Ifan, D.O. Jones, John R. Jones, Ifan Penygeulan, Glyn Church View.
Rhes ganol – Caradog Penygeulan, Megan Ty'n Lôn, Glenys Ty'n Porth, Betty Bod Ifan, Magi Ty Newydd, Mair Blaen Eidda Uchaf, Gwyn Ochr Cefn Canol.
Rhes flaen – Robin Ty'n Cwtyn, Huw Selwyn Owen, Goronwy Ty'n Llan, Arthur Vaughan, Hugh Davies, Aled Lloyd.

Huw yn ystod dyddiau'r Ysgol Ramadeg, 1933, pan oedd yn lojo yn Llanrwst.

Huw efo'r ferlen, Ochr Cefn Canol cyn cychwyn i'r mynydd ar ddydd saethu grows.

Tim pêl-droed Pentrefoelas, 1948 – roedd ganddo'r enw o fod yn dim caled 'no prisoners taken'! Rhes ôl – Ernest Roberts (Church View, Sbyty); Tom Ellis (Tŷ Capel, Pentre); Robert Evan Davies (Glanrafon, Pentre); Lloyd Evans (Tŷ Person, Sbyty); Wyn Jones (Cefn Rwyn, Pentre); Tudor Jones (Cerrigelltgwm, Sbyty); Rhes flaen – Peter Evans (Ty'n y Garreg, Pentre); Alun Jones (Ty'n y Garreg, Pentre); Meirion Thomas (2 Bryn Ysgol, Pentre); Huw Selwyn; Johnnie Wilson Jones (Ty'n y Garreg, Pentre).

*Llun a dynnwyd o flaen Gwesty'r Foelas ar achlysur priodas
Ruth a Ned.*

Huw yn llifio ar hen fwrdd lli gron o flaen y gweithdy yn Ysbyty Ifan.

*Huw gyda Tudor M. Jones
Cerrigelltgwm yn
Manchester, 1949*

*Ifan Penygeulan a
Huw Sêl – y ddau
botsiar!*

Clwb Ffermwyr Ifanc Ysbyty Ifan yn nechrau'r 1960au:
Rhes ôl – Elwyn Davies (Dylasau Isaf), Tudur Hughes (Ochr Cefn Uchaf), Arfon
Roberts (Ochr Cefn Pellaf), Caradog Evans (Haddef), Huw Selwyn, Harry S.
Jones (Crafnant), Norman Davies, Ysgwifrith, Dafydd Hughes (Siop), Hywel
Jones (Plas Uchaf); Rhes flaen – Robert William, Ann Roberts (Fedw), Edith Ellis
(Siop Pentrefoelas), Elfed Williams (Plas Padog), Clwyd Roberts (Tŷ Nant),
Eirwen Roberts (Tŷ Nant), Elsbeth Roberts (Fedw).

Gweithwyr yr Ymddiriedolaeth ar Stad Sbyty

Gweithwyr y Stad tua diwedd y pumdegau o flaen hen felin lifio Rhydlanfair, sydd bellach wedi'i chwalu. Rhes ôl – Huw Selwyn, John Hughes, John Williams, John Tetley, James Griffiths, Elfed Williams, Robin Ellis. Rhes flaen – William Ellis, Hugh Hughes, Jackie Peers, Richard Roberts, Dafydd Morris.

Pwyllgor Neuadd Ysbyty Ifan pan ailagorwyd hi yn 1958 ar ôl ei hatgyweirio dan oruchwyliaeth Huw yn dilyn y tân ynddi yn ystod yr Ail Ryfel Byd. Rhes ôl – Tudur Hughes (Ochr Cefn Uchaf), D.O. Jones (Tŷ Uchaf). J.E. Hughes (Hafod Ifan), Syl Ellis (Hafnant), Edward Thomas (Tŷ Mawr Eidda), Richard Roberts (Tai Newyddion), Idwal Roberts (Tŷ Nant Llan), John Williams (Plas Padog), R.A. Evans (Gwernhywel Bach). Rhes flaen: Tom Owen (Ty'n Porth), Huw Selwyn, Thomas Davies (Tŷ'r Ysgol), Thomas Arfon Roberts (Ochr Cefn Isaf), Geraint Owen (Ty'n Porth), Louie Williams (2 Stryd y Felin).

*Cwmni Drama Ysbyty Ifan, 1938.
Rhes ôl – Arthur Jones, Aled Lloyd, Syl Ellis, Thomas J. Roberts (Pen-y-bont), Ruth Jones (Tŷ Mawr Eidda wedyn), Lewis W. Roberts, Sam John Jones, Nesta Hughes, Robert W. Roberts, R.A. Evans, W. Andrew Jones, Huw Selwyn.
Rhes flaen – Mrs Davies (Bod Ifan) – y cynhyrchydd, y Parch. W. Pritchard a'i wraig.*

Pwyllgor papur bro Nant Conwy, Yr Odyn, gyda channwyll pen-blwydd un oed yn Hydref 1976:
Rhes ôl – Arthur Thomas, Hywel Edwards, Huw Selwyn, Dei Bryniog, Eifion Siop; rhes flaen – John Morris, Meri Williams.

Priodas Gruff ac Anwen Ellis (Hafnant, Ysbyty Ifan bellach), Dydd Calan Gaeaf 1958, gyda Huw Sêl (ar y chwith) yn was priodas.

Huw gyda chadair a luniodd ar gyfer Eisteddfod Llanrwst, 1961.

Cadair Betws-y-coed, 1972 a enillwyd gan Huw am gyfres o delynegion.

Cadair Talsarnau, enillwyd gan Huw yn 1973.

Huw gyda'r gadair a luniodd ar gyfer Eisteddfod Ysbyty Ifan, 1969 ac a enillwyd gan John Lloyd Morris, Penmachno – cydweithiwr iddo ar y 'Tryst'..

Crefftwyr a gweision ffermydd Ysbyty Ifan yn 1904. Gwelir y tri brawd oedd yn ofaint a melinwyr yno, a chyda'i fwyell yn ei law mae Gruffydd Owen, tad Huw Sêl, y saer gwlad. Roedd gweithdy'r saer ar y chwith bryd hynny, yn hen dŷ Pen Isaf.

Giât enwog Orig Williams sydd i'w gweld wrth y neuadd yn Ysbyty Ifan o hyd – hon luniodd o pan oedd yn brentis saer yng ngweithdy Huw.

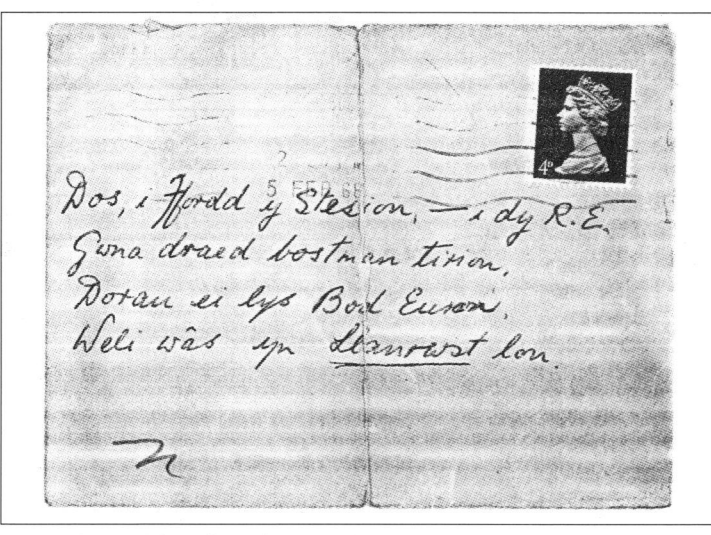

> Dos, i ffordd y Stesion, — i dŷ R. E.
> Gwna draed bostman tirion,
> Dotau ei lys Bod Euron,
> Weli wâs yn Llanrwst lon.

Amlen gyda'r cyfeiriad arni wedi ei sgwennu ar ffurf englyn. Fe'i hanfonwyd gan Huw at R. E. Jones i dderbyn gwahoddiad i gyfarfod o englynwyr Nanconwy yn Chwefror 1968 – ac mi gyrhaeddodd ben ei thaith yn ddiogel hefyd.

Arthur a choes a luniwyd gan Huw i raw fawn.

Merêd a chribyn delyn, neu gribyn sofl, yr atgyweiriwyd ei waith coed gan Huw.

Gosod ffenest ar Stad Sbyty, gyda Hugh Hughes, Capel Garmon.

Yn y gweithdy gyda tair o gadeiriau a luniodd ar gyfer cystadlaethau Pat Neill.

Wyneb llawen Huw yn 1943 yng nghwmni Jane Evans, Gwernhywel Bach a Madge Evans, Stryd y Felin.

Huw yn codi sglein ar raen cwpwrdd cornel yn ei weithdy.

Merêd Hafod Ifan, Myrddin Bryn Tirion, Idris Pennant, Elfed Padog, Huw Sêl ac Elwyn Bancog yn rhoi'r byd yn ei le.

Huw yn gweini te yn swper Clwb Ffermwyr Ifanc Ysbyty Ifan, Ebrill 1962.

Huw yn ei hwyliau gydag Annie Mabel ar y stryd yn Sbyty.

*Hen offer y saer gwlad yng ngweithdy Huw – trysorau
o offer a darnau o hen ddodrefn o gwmpas y lle, ac yn y droriau,
trysorau bach ar bapur hefyd.*

Roedd hi'n hawdd taro heibio Huw yn ei weithdy oherwydd doedd rhywun ddim yn cael y teimlad ei fod yn tarfu ar waith y saer. Daliai ati â'i orchwylion gan sgwrsio'n ddifyr yr un pryd.

*'Ac mae'n braf yn
y shafîns
Efo Huw Sêl a'i
fashîns...'*

Lluniodd Huw droed pladur newydd i D.O. Jones, Tŷ Uchaf ac mae John y mab yn dal i'w defnyddio. Doedd y droed ddim yn orffenedig yng ngolwg Huw nes iddo sgwennu'r englyn hwn arno:
Esgus rhag torri ysgall – ni chei di,
  Bellach, Dei – 'ti'n deall?
Wir ddyn, hwn bery'n ddi-ball
Medd Saer, am ddwy oes arall.

Cloc Larwm
O'i fol daeth sŵn anfelys – a neidiais:
    Ni chododd y musus –
    Rhegi croch a rhwygo crys
    A drysu rhwng dau drowsus.

Tuchan
Un â chŵyn, dan faich o hyd – druan ŵr
    Dan straen erch drwy'i fywyd,
    Ond mewn nef tuchan hefyd
    Wnâi Twm Bach wrth wneud dim byd.

Tân
Er oel lamp a thwr o lo, – er *Y Tyst*,
    Er y *Times* a'r *Cymro*,
    Er coed crin a megino
    A'r iaith hyll – allan 'raeth o.

Ergyd
At rhyw frân roedd o'n tanio – ond rhywsut,
    Dyryswyd 'rhen Guto
    A'i ddawn, pan saethodd honno
    Gyda hwyl i'w lygad o.

Bargen
A brynwyd y nenbrennau, – y cerrig
    Lle bu cur y seintiau
    A'u gorfoledd, a'r seddau
    A hedd hwn am gant neu ddau?

Noethwibio
Rhyw noethlymundod odiach – nac Eden
    Sy'n ail godi bellach,
    Mae'n ffasiynol, bobol bach,
    Droi'n Adda moderneiddiach.

Priodi Sais
Gwrthod Eifion a Sioni – Ned a Now
    A Dei Nant a Twmi,
  Trodd drwyn ar ein Elwyn ni
  A phriododd rhyw Ffredi.

Nelli Kim (Gymnasteg)
Ai gwiwer neu aderyn – ynteu dart
    Ydyw hi, ai gwyfyn?
  Neu ddeublyg, hyblyg goblyn?
  Ai dwy yw; ai dim ond un?

Nadolig 1978
Os Nadolig heb ddigon – ydyw rhan
    Drist, llu o blant dynion,
  Golud yr ŵyl annwyl hon
  Hyd byth a gwyd obeithion.

Jac Codi Baw
Pen ceibiwr, tyllwr ein tud, – a malwr
    Milain y graig enbyd;
  A'i balf try wastadedd byd
  Yn fynydd mewn dau funud.

Mis Mêl
Yn ei henaint dihunodd a rhywsut
    Ar ras ymbriododd,
  O'i fis mêl fe ddychwelodd
  Yn oer a mud, gwaetha'r modd.

Y gic gosb
O Dduw! Ar awr cyn ddued – dyro di
    Rhyw dân fel yr eled
  Y bêl drwy'r gôl fel bwled;
  Naill a'i hyn neu dyblai'i lled.

Deryn

Hwn oedd yr englyn arobryn yng nghystadleuaeth yr englyn digri yn Eisteddfod Genedlaethol Maldwyn a'i Chyffiniau, 1981. Tydfor oedd y beirniad, ac meddai yn ei feirniadaeth: 'Pwslais ennyd uwchben y "di-edyn", ond tebyg mai edn yn troi'n edyn (bird – carwr o Sais) ydyw.' Ar ôl yr eisteddfod, ymddangosodd y llythyr hwn ganddo yn Y Cymro, yn cywiro'r cam. Roedd Tydfor yn uwch fyth yng ngolwg Huw Sêl ar ôl hynny!

Er bod Ffred yn ddi-edyn, heb gân bert,
    Heb gain big na phlufyn,
  Heb ddodwy ŵy nac yn un
  A ddeorwyd, mae'n dderyn.

Barnu'r beirniad

Trueni i feirniad yr englyn digri ym Maldwyn eleni ddangos ei dwptra, fel y tuedda i wneud weithiau, wrth geisio dehongli ystyr y gair "edyn" yn yr englyn buddugol.

Ond yn sydyn pa ddydd, uwchben Cwmbwrddwch, daeth goleuni iddo tra'n mwmian un o hen unawdau tenor enwocaf yr iaith Gymraeg.

Yr unig gysur iddo, os cysur hefyd, yw fod y gair fel yntau yn mynd yn "hen". Ond mae'r englyn arobryn yn gwella'n awr, yng ngolwg y beirniad, coeliwch neu beidio!

TYDFOR AP SIORONWY
Caer Tydanfor,
Cwmtydu.

Yng Nghartref Bryn Eglwys

Criw llawen yn eu henaint, – rhai a ŵyr
    Am rym dioddefaint;
  Bodau mwyn sy'n gwybod maint
  Y cur o golli ceraint!

Englynion Ymryson ac Englynion Byrfyfyr

Mae'r hen arfer o ddadl rhwng beirdd ar fesur englynion yn cael ei gweld yng ngyrfa Huw Sêl yntau. Mae'r gyntaf yn sialens ac ateb rhyngddo a Medwyn Jones, Rhuthun (Llangwm gynt) yn Ebrill 1970. O ddarllen rhwng y llinellau, mae'n amlwg fod Huw wedi cystadlu – ac wedi ennill – ar baentio llun mewn rhyw eisteddfod, yn hytrach na chystadlu yn yr adran farddoniaeth.

Salm i Huw Sêl
Ar ôl archoll y colli, – at ei baent
    Â bardd wedi sorri;
  'E dybia'r herc y daw bri
  I arlunwyr eleni!

Ca' 'easel' fel Picaso, – a brwsus
    Gostia bres at baentio;
  A newid hen frid y fro
  A'i ystâd am y stiwdio.

I'w angladd ni ddaeth englyn, – nac odlau,
    Nac awdl wych arobryn;
  Ond 'gloss' a gaed glas a gwyn,
  Coch a du'r cachu deryn.

Dy ganfas yw dy geinfwyd – i'w rhannu
    Ar riniog dy aelwyd;
  A lliw, nid llinellau llwyd
  Yw'r englyn dan dy gronglwyd!

Ateb Huw
Wir Dduw! Mae'n dda fod rhywun – yn groendew.
    Gwranda 'Capten Rhuthun,
  Wyddost ti rwy'n honni hyn?
  Angladd ni rois i'r englyn.

Y saer nid yw byth yn sorri – er bod
    Rhyw griw bach yn gweiddi
  Hen gân hurt mai 'hogia ni'
  Sy'n llawn o'r ddawn barddoni.

Rhyw dalent roed i'r dylaf – i eraill
    Rhoed torreth, mi gredaf;
  Y mwyn was, yn awr mi wnaf
  Yn union fel y mynnaf.

Holi ydi'r bwrdd yn barod
Yn 1987, bu cyfres o lythyrau holi ac ateb rhwng Trefor Edwards, Rosfedw, Parc, Y Bala a Huw – y naill yn holi faint o amser oedd o ei angen i orffen yr archeb, a'r crefftwr yn ateb yn y modd disgwyliedig.

4ydd Ebrill – cais cyntaf Trebor
Yn gynnil gyda'r gwanwyn – ymholaf
    Am helynt dodrefnyn;
  A ddaeth hwyl saernïaeth hyn?
  Oes hwyliau ar Huw Selwyn?

Ateb Huw
Wel Trefor, gwna dy orau – i aros
    Yn dirion rai dyddiau;
  Cei ar hyn, rwy'n sicrhau
  Y bardd! bencampwaith byrddau.

Cletach derwen hen, ond Huw – yn wannach
    Mewn henaint sy'n lledfyw;
  Afraid yw dweud y cyfryw –
  Mae'n ddilys, nid esgus yw.

9fed Mai – ail lythyr Trefor
Ai caletach derwen heno – i Huw
    Wedi'r holl saernïo?
  Henaint? Paid sôn amdano!
  Â i ffwrdd fel rhith ar ffo!

Diolch a wnaf yn dawel – yn ddiau
    Am addewid henffel
    Am fwrdd gwych ac aruchel
Roes y bardd – ond aros sbel.

Ac yna – yn ddiddyddiad – englyn diolch gan Trefor.

Englyn diolch am fwrdd y byrddau!
Teilwng yn wir yw talu – i grefftwr
    Am grefftwaith sy'n harddu;
    Egwyl gaf i'w edmygu
Yn awr ym mharlwr fy nhŷ.

Hwyl Byrfyfyr
Roedd Huw yn grefftwr yr englyn sydyn ac yn mwynhau'r hwyl wrth rannu'r cynnyrch ffraeth gyda'i griw. Gwnâi englyn yn y car wrth ddanfon bil am waith coed i gwsmer a châi'r cwsmer hwnnw mewn pensel ar yr anfoneb am lwc. Cafodd D.O. englyn ar droed pladur; gwnaeth Huw englyn o gyfeiriad R.E. – a chyrhaeddodd yr amlen ben ei thaith.

    Mae Gruff Pandy Coch yn cofio criw rhy siaradus yn sêt gefn y Capel yn Ysbyty Ifan yn y 50au. Byddai Huw yn llunio llinellau am hwyl ac yn ystod un oedfa gwnaeth yr englyn hwn, yn enwi rhai oedd yn bresennol a chynnig rheswm da pam eu bod yno!

Yma mae Peg a Megan, – yna Puw
    A Sŵ Hafod Ifan,
    Magi gu a llu o'r llan
Yn eu seti ofn Satan.

Y Pyrm
Wrth eistedd yng nghegin Pennant a gweld Nesta yn cael 'hôm pyrm', tua 1978.

Goli! Mae'n werth ei gwelad – yn rêl posh
    'Rôl pyrm, Duw a'm gwarad,
    Ai Nain wyt ti? O! Ein tad
Ni ddylet fod cyn ddelad!

Dŵr yn yr afon a'r bont fawr yn slip . . .
Byddai Huw Sêl yn cofnodi digwyddiadau doniol hefyd, megis yr englyn a gyfansoddodd i'r diweddar Syl Ellis, Ysbyty Ifan wedi i hwnnw gael codwm wrth fynd adref o swper y WEA. Ymddangosodd yr englyn yn Yr Odyn, papur bro Nant Conwy, gyda chartŵn o waith Anne Lloyd Morris, Penmachno yn darlunio Syl Ellis i'r dim:

Am smonath gan ddwylath o ddyn! – i lawr
    Aeth fel lwmp ar fenyn,
  A'r wlad yn clywed wedyn
  Di-ail iaith y Diawl ei hun.

Huw 'di sgwennu'r englyn yma i rhywun oedd wedi rhoi potel o chwisgi yn anrheg iddo:
Am botel 'ffisig melyn' – o'r diwedd
    Daw diolch mewn englyn
  A fi'n awr min nos fan hyn
  Yn ei godro i'r gwydryn.

Englynion Coffa

Cofion annwyl iawn am Einir Wyn
(A gollodd ei bywyd drwy ddamwain ar
Hydref 18fed, 1973, yn dair mlwydd oed)

Yn y gwyll clyw'r gwynt a'i gŵyn – yn wylo
    Ar ôl geneth addfwyn;
Daeth Hydref a'i lef i lwyn
A'i gŷn i ddifa'r gwanwyn.

Am Einir y mae hiraeth – a erys
    Yn hir a'i drwm alaeth;
O degwch y gymdogaeth,
Einir Wyn mor gynnar aeth.

Rhannodd o'i chylch gyfrinach – ei bywyd
    Llon, bywiog, ond bellach
Fe roed diben amgenach
A gwyn fyd i'r hogan fach.

Emyr Tŷ Mawr Eidda
(A laddwyd mewn damwain ar noswyl Nadolig)

Ochain lle bu y clychau – a hiraeth
    Fel oerwynt a dagrau,
  Mor sydyn i'n syn ddwysáu
  Â'i ing y daeth yr angau.

Aethost fab deunaw a llawen – o'th gwm
    A'th gŵys heb ei gorffen;
  'Daeth hud y bywyd i ben.'

Rhwygwyd hen gwmni'r hogiau, – torrwyd tant
    Euraid hoff dy ffrindiau,
  'Diddan a fu ein dyddiau.'

Geined yw gwyrth y gwanwyn – drwy y pridd
    A'r derw praff a'r dryslwyn;
  'Ar lech oer, awel a'i chŵyn.'

Emyr Wyn, y mae yr haf – yn y coed
    Draw'n y cwm siriolaf;
  'Ei heulwen mwy ni welaf.'

Wyched oedd cân y clychau – yn yr hwyr
    A'r sêr hoff yn olau,
  A'r engyl wedi'r angau
  Yn y nef yn llawenhau.

Plant Tai Duon
(Olwen ac Elgan a foddwyd yn afon Eidda, wrth Padog)

Awelon mwyn y dolydd – a wylant,
    A niwloedd y mynydd,
  Daw dagrau o gangau'r gwŷdd
  I ddiniwed fedd newydd.

Daeth gwae ar fin cynhaeaf – i'r rhai bach,
    A'r byd ar ei decaf,
  Nid oedd ing mewn dydd o haf
  Na phoen dan haul Gorffennaf.

Ar aelwyd gu Tai Duon, – mae wylo
    Am Olwen fwyn, dirion,
  A hiraeth oriau hirion
  Yno sydd am Elgan Siôn.

Hwnt i'r beddrod a'r blodau – ar y cof
    Trwy y cur a'r dagrau
  Ddydd rôl dydd fe erys dau
  A'u swyn fel hardd rosynnau.

Jac
Un oedd yn wir foneddwr, – awenydd
      A miniog feddyliwr;
    Yn frenin o werinwr,
    Wron doeth a chadarn dŵr.

Dafydd Gruffydd
(5 Stryd Siôr, Llanrwst)
Ei gwysi'n daclus gyson – a dorrodd
      Hyd erwau'i fro dirion
    A rheiny'r un mor union
    Â'i rawd ar y ddaear hon.

Pernant
(Bob Owen, Llanrwst)
Ei addysg ga'dd o'r mynyddoedd – a'i gerdd
      O'r gwin yn y cymoedd
    Ei radd o foelni'r ffriddoedd;
    Un o gyff bonheddig oedd.

John D. Williams
(Annedd Wen, Capel Garmon)
Fe aeth John, y tirionaf, – nawr o'n mysg,
      Yr un mwyn, gonestaf;
    Daeth gwae a daeth y gaeaf,
    – Hen leidr hy, – i dlodi'r haf.

R.M. Williams
(Maes Tawel, Llanrwst – gweinidog, telynor ac englynwr)

Y gwâr yw'r un a garo – ei genedl,
    Er gwaned fo honno,
  A'i nawdd a rydd tra byddo
  I'w hiaith hen, – dyna wnaeth o.

Y dewr, fyth ni fynn daro – yn ei lid,
    Cais les yn ddi-wyro
  Â gwên, a rhoi heb gwyno
  Ar hyd ei fywyd, – fel fo.

Gwir fonedd yw'r sawl a feddo – enaid
    Tyner na fynn frifo,
  A ffydd byth na ddiffoddo,
  Yn ddi-wad – un felly oedd o.

Enid Williams
(gwraig y diweddar R.M.)

Hen alawon fu'n gloywi – ei hanian
    Drwy einioes lawn ynni
  A mwyn gân man ei geni
  Lawenhâi ei chalon hi.

Mor drom yw croes ein siomiant – yn y drefn
    Lem a droes ogoniant
  Alaw, yn wag gyfeiliant;
  Telyn yn delyn ddi-dant.

Cywydd Coffa
Mab y Ffridd
(i gofio Einion Jones, Cerrigelltgwm Isa)

Tros ffin aeth gŵr o linach
Araul wŷr yr awyr iach,
O hil beirdd yn annwyl byth,
Hwyliog fel ei wehelyth.

Câr gwirionedd, bonheddwr,
Unionaf, cadarnaf dŵr;
Heriai sen yn ddewr ei saf,
Yn ei lwydd y gwyleiddiaf;
Hygar a phendefigaidd,
Dilys a grymus i'r gwraidd.

Un garodd gain gerdd y gwynt,
Carodd ruad y corwynt;
Hud y gwanwyn addfwynaf,
A difreg, teg olud haf.

Daw oerion nodau hiraeth
O'r ffridd am storïwr ffraeth,
A chŵyn o waun a cheunant
Ac o'r niwl ar gwr y nant,
Am roi llenor i orwedd
A rhoi bardd yng ngro y bedd.

Cyfarchion a Thynnu Coes

R.E.
(Cyfarfod teyrnged yn y Babell Lên, Eisteddfod Genedlaethol Cymru, Dyffryn Conwy a'r Cyffiniau 1989)

A fu 'rioed un fel R.E.? – dyn â dawn
    Dweud y pethau digri;
  Pennaeth yr hen gwmpeini,
  Hoelen wyth ein hardal ni.

Un â'i wreiddiau'n llawn rhuddin, – a'i enaid
    Y glanaf, dilychwin;
  Rhoes ei amser i'n gwerin,
  Ni bu 'rioed 'ei gael yn brin'.

Ffyniant roes i'n gorffennol – a heuodd
    Gynhaea'r dyfodol,
  Rhoes o'i win i'n presennol
  A'i ffydd i'n hen genedl ffôl.

I'r gwanaidd mewn awr o gyni – bu'n gawr,
    Heb un gwell i'n hochri;
  Haearnaidd a diwyrni,
  Hoelen wyth ein cenedl ni.

I Ddathlu Priodas Aur
Mr a Mrs Stanley Davies, Chwefror 14eg, 1981

I ddau a fu mor ddiwyd,
Dau lon a bodlon eu byd
Heno rhwydd ddathlu sy'n rhaid,
Siriol briodas euraid.

Dau gymeriad cariadus,
Dau ddiddan mewn llan a llys
Fu'n rhannu oes o groeso
I bawb, pwy bynnag y bo.

Ar awr lwyd neu awyr las
Mynnent gael gwneud cymwynas
A throi gaea'n ha' o hyd
A wnâi ydfaes o adfyd.

Ni welwn ffordd i dalu
Un rhan fach o'r hyn a fu,
Am hynny y dymunwn
Y pura' o aur i'r pâr hwn.

Cyfarchiad Priodas
Priodas Gruff ac Anwen, Pandy Coch, 1af o Dachwedd, 1958,
pan oedd Huw Selwyn yn was priodas iddynt

Mae heddiw'n ddechrau gaeaf
A chilia'r haul o'r tir,
Ond gwanwyn sy 'nghalonnau
Y ddeuddyn hyn yn wir.
Mae gobaith yn eu llygaid
A hyder dan eu bron,
A chychwyn ar eu mordaith
Mae'r ddeuddyn hyn yn llon.
O boed i'r gwanwyn hyfryd
Sydd yng nghalonnau rhain,
Fod iddynt hwy'n llawenydd
Fel clychau pêr eu sain;
Ac os daw oriau tywyll,
A dyddiau trwm a loes,
Doed gobaith dydd eu priodas
Pryd hynny i gario'r groes.

Anwen Hafnant 15:3:95
Un eitha neis, ddwywaith yn nain – 'y cês'
    O gwm cul y cigfrain:
    Yn ddi-wig, er yn drigain,
    Un ddel, fer, – a *gweddol* fain!

Gerallt Rhun
Athro, â'i ddoniau meithrin – yn annog
    Gwyrth dyner yr egin,
    A mynnu rhannu pob rhin
    I'w wreiddiau, i greu rhuddin.

Plant Pandy Coch, Ysbyty Ifan

I Siwan 23:11:94
I Siwan Rhys rhowch gusan – a hi'n awr
    Yn un oed, ferch ddiddan
  Hon yw serch Arwel a Shân
  A'r un annwyl 'rhen neinan.

Bedyddio Anest Rhys 6:10:96
Anest! 'rwyt ti yn destun – hosanna
    Mewn soned ac englyn;
  Hudoliaeth seiniau'r delyn.
  A nodau'r tannau cytûn.

Wyt hedd min nos y rhosydd – yn llawen
    Fel llewyrch y wawrddydd;
  Wyt liw'r haf, wyt awel rydd
  Wyt wyrthiau diliau'r dolydd.

I Anest 17:5:96
Siriol fel blodau'r dolydd – neu'r heulwen
    Ar loyw-wlith y gweunydd
  Hi yw rhos yr erwau rhydd
  A'r mêl yng nghlychau'r moelydd.

I Benjamin 29:1:95
Yn un oed, O! boed i Ben, – oriau hir
O hwyl, lencyn llawen;
Ag gogydd Jac, Kevin a Gwen,
"Hen Jena", Gruff ac Anwen.

    Y Taen

John Lloyd, Betws-y-coed 26:2:95

Pleser rhai yw cerdded ffeiriau,
Hoff gan eraill eisteddfodau,
Gwell gan un – sy'n ŵr bonheddig
Ydyw byw yn ostyngedig.

Fe ganmolir Pantycelyn
Ac Ann Griffiths am wneud emyn,
Ond mae un o'n hardal ninnau
Ar y brig am wneud emynau.

Geiriau Dewi Sant sy'n atsain,
'Gwnewch i mi y pethau bychain'
Clywch yr eco o Glogwyn Cyrau
'Mae John Lloyd yn gwneud ei orau'.

Ni chyfyd lais ar yr heolydd;
Ni wêl feiau yn dragywydd,
Hoffter hwn yw gwneud daioni,
– Rhoi help llaw lle bydd trueni.

Cadw'r ffydd mewn dyddiau tywyll,
Gwarchod gwinllan rhag yr ellyll
A braenaru tiroedd cyndyn
Er mwyn eraill ddaw i'w ddilyn.

Meithrin crefydd, hybu'r achos,
Bydd y cof amdano'n aros;
Nid yw'r bydol ond dros ennyd,
Mae'r parhad ym mhethau'r ysbryd.

Cymro glew yn nannedd drycin,
Colofn gref yn ei gynefin
Sydd yn cario beichiau'n llawen
Dan y baich mae yn ei elfen.

Rhoddwn glod am ei ymdrechion;
Rhown ganmoliaeth i ŵr ffyddlon,
Gŵr a geirda am ei gyd-ddyn,
Gŵr a wêl ddaioni 'mhobun.

I'r gŵr syml di-ymhongar,
I'r gŵr hoffus a'r wên hawddgar,
Yn gytûn 'rym yn dymuno
Iddo hir lawenydd eto.

Englyn ar Blât
Rhoddedig gan Ysgol Sul Seion, Ysbyty Ifan
i Mrs M.E. Hughes ar achlysur ei hymadawiad
Bu'n meithrin sawl eginyn – yn y fro
    A bu'n frwd yn ennyn
  Y gorau o flaguryn
  A'i dwf, er mwyn Mab y Dyn.

Plas Uchaf
Huw wedi cyrraedd yno i weithio a chael nad oedd neb wedi codi.
Mae'r saer yma ers oriau – O! na rydd
    Rhyw ddiawl res o saethau
  Ynghanol eich penolau
  Nes codwch o glydwch 'ch gwlâu!

Ymadawiad teulu Fron Dirion am Langefni

Can mil o ddiolch 'rown i chi
Fu'n cadw'r fflam ynghŷn,
Bydd effaith eich gwasanaeth mawr
Yn aros wedi hyn.

Nid yw Sir Fôn yn od o bell –
Nid yw ym mhendraw'r byd.
Ac os na hoffwch chi y lle,
Bydd croeso'n ôl o hyd.

Os y ceir yno diroedd bras,
A saint yn ôl y sôn,
Mae Dyffryn Conwy'n ganmil gwell
Na gwastadeddau Môn.

Wrth ichi gefnu ar y fro
Lle buoch flwyddi maith
Dymunwn oll, â chalon drom
Pob bendith ar y daith.

Er bydd y chwithdod yma'n fawr
A gwacter yn y llan,
Caiff pechaduriaid mwyaf Môn
Eu hachub yn y man.

I Hywel Gwyn ac Osian Prys,
Rhwydd hynt drwy'u hoes i'r ddau
Boed i'r llawenydd gawsant hwy
Yn 'Sbyty fyth barhau.

Am gymwynasau rif y gwlith, –
Fe'u cofiwn un ac un;
Am weinidogaeth mewn dydd blin, –
Diolchwn yn gytûn.

Eiddunwn i chi, deulu clên,
Y gorau ar eich hynt,
Cewch chwithau atgof ambell awr
O'r melys ddyddiau gynt.

Cyfarchion ar achlysur Priodas Hywel a Marian
30.9.1978

Rhwng Fron Ddu a'r Tai Duon – yn hydrin
    Bu crwydro yn gyson,
  Eitha'r hud yw'r neithior hon –
  Hen gwlwm rhwng dwy galon.

Dau eilun bro a unwyd – i dynnu
    O dan yr un gronglwyd,
  O uno rhain yn y rhwyd
  Daw eu hil hyd eu haelwyd.

Sued awrlais y Derlwyn – ganigau
    Ei neges yn addfwyn
  A di-ofid i hyfwyn
  Dymor o fêl dau mor fwyn.

Oferedd fydd i John fory – ei gael
    I gae nac i feudy
  A Hywel yn y gwely
  Â'i Farian ddel o'r Fron Ddu.

Bydded rhwyddineb iddynt, – gofal Nêr
    Fo'n dyner amdanynt,
  I'w bywyd oll boed eu hynt
  Unlliw'r heulwen lle'r elynt.

Dewi Cwm Tirmynach ac Ann Bryniog

Ple'r ei di Ann Bryniog a'th lygaid mor llon,
Fel pe tasai'r gwanwyn yn frwd dan dy fron?
Ple'r ei di Ann Bryniog mor ysgafn dy droed,
A'r hydref mor lliwgar ar gangau y coed?

Ple'r ei di Ann Bryniog o gwmwd mor fwyn
Lle cân yr aderyn mor llawen o'r llwyn?
Pam 'rei di Ann Bryniog o ardal mor dlos
A'r gwawrddydd mor olau, mor serog ei nos?

Pa ddewin a'th hudodd i ffwrdd ar dy rawd,
A'th gymell Ann Bryniog i fentro dy ffawd
Dros Badell y Gylchedd a chrib Nant y Wrach?
Mae'r hin yn aeafol ffordd honno, Ann bach.

Pa ddiben yw holi, mi wn yr hen chwaer
Fod Dewi 'Nhirmynach yn hynod o daer;
Dy ddal yn ei rwyd a wnaeth hwn yn y man
A'th swyno i groesi dros Nant Adwy'r Llan.

Nid rhyfedd i'r dewin dy hudo o'n bro,
Neu fallai fel arall, mai ti swynodd o;
Dewines fu dynes drwy'r oesoedd di-ri,
A phrin mai gwahanol i'r rheiny 'rwyt ti.

Pa waeth am yr hydref a'i baent ar y coed,
Na'r gaeaf sy'n dilyn mor drwm ar ei droed.
Mae'r gwanwyn tragywydd ar ddôl ac ar ffridd,
Mae'r gwanwyn tragywydd yn cerdded ein pridd.

Dwy wraig weddw yn 'Sbyty Ifan

Dwy wraig weddw'n 'Sbyty Ifan
Wrthi'n sgwrsio o boptu'r tân;
Dwy wraig weddw'n hel atgofion
Am helyntion mawr a mân.

Dwy wraig weddw'n teimlo'n rhynllyd –
'Rôl parablu am sawl awr,
Mynd o'r cof a wnaeth y manion
Rhywsut aeth y tân i lawr.

Mae y nyrs yn galw'n ddyddiol
I weld Elda – a thrin ei choes,
Plastro eli, newid bandej,
Glanhau'r briw, lleihau y loes.

Rhyw hen fandej llawn cemegau
Daflodd Elda i'r bwced glo,
'Doedd dim arall a wnâi losgi,
Heb ddim lol i'r tân â fo.

'Tai'r hen Saer uwchben ei binnau
Byddai yno stoc o goed,
Ond mae pethau wedi newid,
Y mae yntau'n mynd i oed.

Llosgi'n rhwydd a wnaeth y bandej
A chaed dipyn bach o wres,
Roedd y coediach wedi darfod
Ac mae'r glo yn costio pres.

Toc edrychodd Jên drwy'r ffenest
Ond ni welai hi ddim byd,
Nid oedd sôn am Gapel Seion
A thai'r llan yn fwg i gyd.

'Ffonia Brenda,' meddai Elda,
I ddod yma yn reit chwim,
Ond roedd Brenda hefo'i phaned
Yn cynhyrfu diawl o ddim.

Ond daeth Llinos Jones o rhywle,
– Ymarferol ydyw Llin –,
Ffonio wnaeth yr holl frigadau
I ddod yma yn syth bin.

Cwmwl mwy oedd dros y dyffryn
O'r Hendre Isa i Flaen Coed,
Hwnnw'n gwmwl du a thrwchus,
Welodd neb ei fath erioed.

Fe ddaeth injan dân o'r Cerrig
O Lanrwst a Betws Coed,
Wrth fod rheiny'n hogia handi,
Caed trefn ar bopeth yn ddi-oed.

Dwy wraig weddw 'nawr mewn gweddi,
Ni wnânt eto beth mor ffôl;
Dwy wraig weddw'n 'Sbyty Ifan
Lwc fod yno dŷ ar ôl.

Penillion i ferched swyddfa'r Ymddiriedolaeth Genedlaethol i brosesu ei daliad olaf:

Bethan Annwyl! Am tro ola
Wnei di wneud y jobun yma?
Bethan 'darling' – un gymwynas
Cyn i'm droi fy nghefn ar Dinas?

Mi wn fod gan Modryb Rhian
Lond ei dwylo'n barod Hogan:
A rhy brysur yw'r Sir Fonan
Hefo'r llongwr neu y plisman.

Os yw pethau yn anhwylus
Bydd rhaid erfyn ar MacDilys
Er mae'n siŵr y caf fy namio
Gan yr enwog 'Cwîn of Nebo'.

Mae hi'n annwyl iawn er hynny
Ac yn hoffus i'w rhyfeddu
Mae yn dda am drin typewriter
A gwell fyth am yfed lager (top).

Rhaid i'r Saer gael pres o rywle
Neu mi eith yn ddiawl o dene,
Dyro'r papur yn yr injan –
Fyddi di 'run cachiad Bethan.

Rhyngoch chi a fo 'rhen blantos
Os fydd raid rwy'n fodlon aros
Dod wna popeth bob yn dipyn
Cofion gorau – yr hen Huwcyn.

Hydref 1981

Idris Reynolds

Cyfarchwyd mewn cyfarfod arbennig yn y Babell Lên ar faes Eisteddfod Genedlaethol Dyffryn Conwy a'r Cyffiniau 1989, yn dilyn seremoni'r cadeirio. Cyfarchwyd y prifardd newydd gan Dic Jones a hefyd gan Huw Sêl, saer y gadair.

Curaist bymtheg o'r cewri – ar y daith,
    Tro da wnest eleni,
  A diawch, efallai cei di
  Ryw amnaid o Gwm Rhymni.

Idris! dos dithau adra' – i hepian
    Yn hapus drwy'r dyddia'
  A hel rhyw fwyn feddylia'
  Yn hon am weddill yr ha'.

Dei Llanilar a'r trelar
drwy law teulu Hafod Ifan

Dai Jones o Lanilar
A fachodd y trelar,
A byr oedd ei dymar
Fel cythraul mewn croen:
Roedd buwch yn y beudy
Yn brefu a nadu
Am darw i'w diddanu
A'i thynnu o'i phoen.

Dai Jones o Lanilar
Roes naid i'w Landrofar, –
– Rhyw Jehiw o ddreifar
A fuo fo 'rioed;
Fe yrrodd yn wirion
Gan chwalu yn 'sgyrion
Rai cloddiau a pholion
A ffensus o goed.

Dai Jones o Lanilar
A lwythodd y trelar
A tharw mawr clyfar
Yn ffermdy Coed Llus.
Heb amser i rwymyn
Yn gortyn na rheffyn
Na phenffrwyn na thennyn
Gan gymaint y brys.

Dai Jones o Lanilar
Gan ruo fel bomar
Yn ôl at yr heffar
Yr aeth o yn syth;
Ond trofa go sydyn
Mewn eiliad roes derfyn
Ar frys y clymhercyn, –
– 'Difaru mae byth.

Dai Jones o Lanilar
Roes weddi yn gynnar,
Rhy hwyr oedd y bygar
Wrth fynd tua thre'.
Y tarw na rwymodd,
Yn sydyn symudodd,
A'r trelar a daflodd,
O diawl! roedd 'na le.

Dai Jones o Lanilar
Ar sgiw'n y Landrofar
Rhwng nefoedd a daear
A'i goesau mor fach.
Ac yno y buo
Yn rhegi a rhwygo
Am oriau, –gobeithio
Fod o'n fyw ac yn iach.

Y Meddyg Ifor Davies

Un clyfar yn ymladd clefyd – un dewr
    Ac un doeth mewn adfyd,
  Bu Doctor Ifor hefyd
  Yn gefn i Uwchaled i gyd.

Trwsio poen, mendio poenau – a llyngyr
    Twyllo angau weithiau,
  Ein laryncs a'n doluriau,
  Esgyrn a chyrn – eu hiachâu.

Trist fu gwedd torrwr beddau, – nid siriol
    Fu byd seiri hwythau,
  Heriodd ar dywyll oriau
  Ben gelyn hen briddyn brau.

Y Meddyg E.J. Davies Cerrigydrudion

Bu'n dyner wrth ei werin – yn y glyn,
    Yn ffrind glew mewn drycin,
  Yn wrol ar nos erwin,
  Yn wylaidd ar hafaidd hin.

Sawl claf ddwed na fu'i hafal – i droi'n wawr
    Drueni nos â'i ofal?
  Sawl gwaith rhoes obaith i'r sâl
  A'r gwan, sawl awr i'w gynnal?

Nid ei botel na'i eli – a wnai'r wyrth
    Er mor wych oedd rheini,
  Ond ei wên a daioni
  Y dyn hwn a'n mendiai ni.

Ni fu un oedd yn fwynach, – un o fri
    Na fu 'rioed ei ffeindiach,
  Na'r un doctor rhagorach
  Yn y byd, na Doctor Bach.

Deunaw oed
(i Christine Plester, Crafnant, Ysbyty Ifan)
Deunaw oed, ddaw ond un waith – i ni i gyd
    Er in gael oes hirfaith:
  Amser braf yn llawn afiaith,
  Amser gorau dyddiau'r daith.

Ar ymddeoliad James Griffiths, Penmachno
Un cywrain yn trin cerrig – a gŵr hoff
    Garai hwyl, – gŵr diddig;
  Er gweld bai ni ddaliai ddig,
  Un beunyddiol bonheddig.

Dathliad Ysgol Pentrefoelas
Canaf i'r dyddiau cynnar, – dyddiau gwyn,
    Dyddiau gwanwyn eiddgar,
  Dyddiau gwiw a dyddiau gwâr
  A heulwen ar bob talar.

Yn hael rhoes Pentrefoelas – o'i haddysg
    A heddiw mae'n addas
  I hen glic y dyddiau glas
  Amenio y gymwynas.

Ymlaen dros ei chan mlynedd – yn hwyliog
    Eled i'w hanrhydedd
  A gwened haul ddigonedd
  Ar ei hynt dros lwybrau hedd.

Pobol Padog

Bu yr haf yn wlyb ddychrynllyd,
Glaw bob dydd a phob Sul hefyd,
Ac yn wir roedd ardal Padog
'Run mor wlyb â bro Ffestiniog.

Cytgan:
O! mor drwm yr ydym ni,
O! mor drwm yr ydym ni,
Bu yr haf yn wlyb gynddeiriog
O! mor drwm yr ydym ni.

'Rym yn falch o weled Megan
Yn Tŷ Capel hefo Ieuan,
Ni fu dau erioed mor llawen
Boed yn wlawog neu yn heulwen.

Clywais sôn fod gwraig Trebeddau
Am New York yn hel ei phaciau,
Pan ddaw'n ôl, gwaith golchi llestri
Am wythnosau a fydd ganddi.

Mae 'na sôn fod Eirlys Eidde'n
Mynd yn hen a'i gwaed yn dene
Gan ei bod mor oer, medd Norman,
Rhaid oedd prynu planced drydan.

Fe fu sêl yng Ngherrig'drudion,
Yno crwydrodd John Tai Duon
Gydag ŵyn mewn fan i'w gwerthu,
Ond ym Mhadog caed nhw'n brefu.

Bob Tai Hirion '*Livestock Carrier*'
Ddydd a nos yn brin o amser,
Petai wythnos hwy yn rhywle,
Yno'r elai cyn y bore.

Ford Corsair a gadd y gwnidog
Yn y Bala neu Borthmadog,
'Rôl dychwelyd gwelodd druan
Fod ei garej yn rhy fechan.

Bu Canute o flaen y tonnau'n
Ceisio stopio'r dŵr ei orau,
Yr un fath bu John y Derlwyn
Ond mi fethodd er pob cynllun.

Colli wnaeth y Cwmni Drama
Er i bob un wneud ei ora',
Petai'r beirniad yn nes yma
Credaf 'câi ei dynnu'n ddarna'.

Er fod Wiliam Huw yn heini
Bu yn hir â'r ŷd eleni,
Ond os buo – pa wahaniaeth?
Rhowch y bai ar y gwlybaniaeth.

Triban beddargraff

Pregethwr lleyg di-goleg
Sy'n gorwedd dan y garreg
Ond er y Suliau gwag di-ri –
Phregethi di ddim chwaneg.

Tro Trwstan Dafydd Tŷ Ucha

Roedd Dafydd Owen Tŷ Ucha
Yn Gymro o'r iawn ryw,
Yn selog dros Blaid Cymru
A chadw'r iaith yn fyw;
'Pa ddiben yw cael Saeson?'
Medd Dafydd bêr ei gân,
'I fyw mewn bwth a thyddyn
A baeddu Cymru lân?

'Rhaid inni yng Nghwm Eidda
Gael chwifio'r hen Ddraig Goch,
Cymraeg yw enwau'r gwartheg
A'r ieir a'r lloi a'r moch;
Ni fynnwn ni ddim Saesneg
Er dim ar byst ein ffyrdd,
Myn diawcs! os bydd hi felly –
Fe'u paentiwn ni nhw'n wyrdd!'

Un tanllyd ydyw Dafydd
Am sefyll dros ei wlad
A chadw'r bleiddiaid estron
Rhag rheibio ei ystâd.
'Rhaid cael i Gymru fechan
Home rule at once!' medd ef,
'Ac wedyn mi fydd Cymru
Yn siŵr fel darn o'r nef.'

Ond tristwch yw cyhoeddi –
Fe welodd yr hen Daf
Mai purion peth oedd arian
Y Saeson yn yr haf,
A throdd ei hil i'r sgubor
I gysgu ar wair rhos
Er mwyn i'w hen elynion
Gael esmwyth gwsg trwy'r nos.

Ond nid oedd hyn yn ddigon:
Rhaid mynd i Ball & Boyd
I brynu gwlâu ac ati –
Ni fu'r fath lwytho 'rioed;
Y trailer oedd yn gwegian
Fel cawnen yn y gwynt,
Ond Dafydd oedd yn gwenu –
Cadd fargan dda am bunt.

Ond O! wrth bont Rhydlanfair
Bu damwain ddigon blin
'Nenwedig gan fod eraill
Yn gweled yr holl sîn;
Ni fu y fath gybalfa
A'r trailer glas ar sgiw
A Dafydd Owen Tŷ Ucha
Â'i wyneb yn bob lliw.

Yr olwyn wedi gorffen
Ei hynt a'r fuchedd hon,
A'r wglâu a'r gêr yn gwyro
I gyrrau'r ffos o'r bron
A rhaid fu cyrchu tractor
A llwytho'r blydi lot
Drachefn i drailer arall
A hynny 'on the spot'.

Fe ddwedir nawr fod Jaci
Yn mynnu tâl go ddrud
Am 'parking space' i'r trailer
Am barcio yno cyd,
Ond wir, mae'n biti garw
Fod Dei yn mynd môr ffôl
Am arian ei elynion
A gwerthu'r Blaid 'and all'.

Telynegion a Cherddi Eisteddfod

Y môr

Mae holl ddirgelion yr oesoedd gynt
Yn nawns y don pan gyfeilia'r gwynt,
A swynion ieuenctid o dro i dro
Fel pe'n cyffroi dan ei ddyfroedd o.

Mae hen gyfaredd yn y berw a'r rhu
Pan fo'r ewyn yn dres ar y creigiau du,
A sŵn dyhead rhyw enaid caeth
Am dorri yn rhydd o gadwyn y traeth.

Gwreiddiau

Oherwydd
      fod chwys a gwaed
A gorthrwm y canrifoedd
   yn gyffro yn fy mêr,
Y clywaf gân
   heblaw aria'r gwynt ym mrigau'r ynn,
   a madrigal yr awel
     yn yr hesg a'r brwyn.
Oherwydd
   imi sugno gwyrth y tiroedd llwm
   i'm gwythiennau,
Y dawnsia'r cangau hen ddawnsfeydd fy hil,
   y cyfyd tarth fel mwg aberth
   oddi ar allorau du y fawnog
   i fiwsig litanïau'r nos.
Eu tristwch
   a'u gorfoledd
     sydd yn fy mod.

Draenen

Fe osodwyd pali sidan
I orchuddio hagrwch anian,
Ac i harddu llwyni'r bronnydd
Fe roed perlau ar y defnydd.

O! mi wn fod dan y blodau
A'u holl degwch, lym fidogau,
A chanfyddais pa mor greulon,
Ydoedd brath y llafnau noethion.

Onid oedd y lliwiau llynedd
Yn gyforiog o gyfaredd?
Heddiw'r swyn a'r persawr eto
Yrrodd ing i diroedd ango'.

Yr Oriau Mân

Bydd cri anobaith lleddf y gwynt
Yn llawn o dristwch ar y rhos
Pan fyddo ffôl bryderon byd
Yn ymlid cwsg trwy wyll y nos.

Pryd hynny daw'r hen wladwyr ffraeth
O'r niwloedd pell i lenwi'r co;
'Rhyw alw heibio,' fel o'r blaen
A gyrru'r prudd-der llwyd ar ffo.

Parablu'n rhydd trwy'r oriau mân
Cyn troi yn ôl yn llon i'w hynt,
A'r holl bryderon wedi ffoi
Yn sŵn y chwerthin yn y gwynt.

Murddun

Bûm wrthi'n trwsio'r muriau bregus
    A chymhennu'r to,
Yn adnewyddu ei ffenestri,
    Gosod drws a chlo,
Distrywio'r distiau pwdr
    – Ond y fantell hen,
A hoelio lloriau newydd
    A'm meddyliau'n drên;
Ond gwelais wedi gwneud y cyfan oll
Fod mwy na choed a cherrig wedi mynd ar goll.

Y Trên Olaf

Dacw nhw'n dod yn haid fawr, aflêr,
A'u camerâu ar ysgwydd pob un,
I gadw'n saff i'r oesoedd a ddêl
Drên y chwarel yn daclus mewn llun.

Osgo cyfarwydd, clic, ac i ffwrdd
Gyda'u hysbail, fel hen bïod slei;
Heb gofnod na llun o dristwch a chur
Eneidiau Twm a Wiliam a Dei.

Y Wawr

Buost hir yn nos yr anialwch,
'Run fath â'r hen genedl gynt,
Yn wrthun, heb nod na chyfeiriad
Fel gwawn ar drugaredd y gwynt.

Bu'r lleidr yn brysur, a thithau
'R etifedd yn cysgu'n drwm,
A holaist yn syn wedi deffro
'Ymhle mae gogoniant y cwm?'

'Ymhle mae y cyfoeth a'r harddwch?
Ymhle mae gwerin y tir?'
Bu'r bryniau yn gwrido o g'wilydd
O'th weled yn cysgu mor hir.

Cyffwrdd

Twristiaid, ieithfain,
Yn gwlychu pig cyn troi am adre';
Codi gwydrau,
Cip drwy'r ffenestr gul, agored –
Dim ond rhostir llwyd oedd yno
A gwawd cylfinhir yn darogan drycin,
Fel erioed.

Cyfarch brodor,
'Wedi gwneud' Ynys Môn
Ac Eryri:
'Wedi gwneud' Pen Llŷn!
'Ieki ta. Ho, ho, ho.'
Codi a mynd,
Diflannu,
Fel y diferion glaw
Yn y pyllau ar y palmant.

Soned – Gwerinwr

Ni chefaist blufyn lliwgar, fel y rhai
Sy'n lordio'n dalog ar hyd lawntiau'r plas,
A phennwyd libart iti'r mymryn clai,
O ddrws y 'sgubor hyd at odre'r das.
Ni roddwyd arnat chwaith, ym masnach gwlad,
Or-uchel bris – prin hatling oedd dy werth,
A heth a hirlwm oer mewn llety rhad
Fu iti'n rhan o dan y bondo serth.
Y llwydyn bach! Y mae drwy'r oesoedd crin
Hen drefn sydd yn gyffredin inni'n dau
A'n ceidw o fewn i'r lem, annelwig ffin,
A phalfau tynged ar ein bywyd brau:
Ond hebot ti a minnau, pwy a ŵyr
Nad elai'r cyfan â'i ben iddo'n llwyr?

Gwreichion

Mae hanes dy hil drwy'r oesoedd di-ri'
I'w weld yng ngloywder dy lygaid di.

Rhyw hen gynyrfiadau sy'n mynd a dod
Yn ufel byw yng ngwreiddiau dy fod.

Daw tristwch weithiau fel niwl trostynt hwy
I fynnu ail-agor rhyw hen, hen glwy.

Hen glwy na wyddost amdano'n ddi-au
Ond yn dy bridd sydd yn mynnu parhau.

Ac weithiau daw cip ar lawenydd pêr
Sy'n oedi'n gyfaredd yn nyfnder dy fêr.

Ond ambell dro pan fydd stormus dy hynt,
Daw gwreichion o'r fflamau fu'n dawnsio'n gynt.

Cysgod

Ymgrymodd y perthi drain,
Yr oedd gwynt traed y meirw
Yn cynnull y crinwellt
I bwyllgora
Wrth y clawdd tyweirch
Cyn eu chwalu
      Yn ysbrydion llwyd
Uwchben
      Mynwent y ffridd.
Rhuthrai'n llidiog,
Lasgoch,
I ddeifio'r waen,
I ddifa'r ynn.

Carlamodd ar ei feirch du dros y Garn
A brefodd yr oen cynnar
Ym môn y graig,
Yn y ceunant.

Y Filltir Sgwâr

Mi sgwrsiais fin nos â'r coed derw,
– Y derw ar gyrion Cae'r Felin
Fu'n gwreiddio drwy'r stormydd garw,
Rhannau o'r rhain sy'n fy rhuddin.

Siaradais yn hir hefo'r creigiau,
– Yr henwyr llwyd ar y gweunydd
A burwyd ynghanol y fflamau;
Rwyf innau a nhw o'r un deunydd.

A bûm yn cael gair hefo'r afon,
– Y dŵr a red heibio'r Pandy;
Yr un ydyw heniaith fy nghalon
Â'r geiriau mae hi'n eu llefaru.

Rhwng gorwel a gorwel fy nhynged
Mae rhaffau a roed am fy mhriddyn,
Y rhaffau â'r cwlwm agored,
Y cwlwm annatod, di-derfyn.

Gofal

'Mae yna egin da ar y ddôl',
Cymhennodd hithau'r gobennydd
Ac atebodd am y canfed tro,
Rhag diffodd yn llwyr y mymryn gobaith
Yn y llygaid pŵl;
'Oes wir, y mae yna egin da'.
'Aros! Aros!
Weli di nhw?
Y taclau! Maen nhw drosodd eto,
Weli di nhw?
Mae'n anodd gweld drwy'r tarth sy'n codi o'r afon'.
Trodd hi ei phen tua'r ffenestr:
'Cydia nhw, Fflei,
Estyn fy ffon i mi,
Hei, Fflei, ar eu holau nhw, Mot!
Estyn . . .
Oes neno'r tad, y mae yna egin da eleni'.
Syllodd hithau drwy niwl ei dagrau
Ar erwinder y gaeaf
Yn crebachu
Gweddillion
Y sofl.

Y Fflam

Yno,
Roedd y gwanwyn
Yn cyniwair yn yr hesg
Ac yn orlawn o wyrth,
Ac yno roedd dwy galon
Yn rhannau cyfrinach y fflam
Gyda'r awel.

Heno
a'r hydref crin yn cwyno rhwng y creigiau,
Daw cri enaid
Trist,
Unig
O'r tarth ar y llyn
Yn galw ar y duwiau
I ddifa'r gweddillion.

Lliw

Rhoes linellau du ar y cefndir gwyn,
Ar greigiau a pherthi, ar gloddiau a llyn.

Fe daenodd y lliw tyneraf erioed
Wrth odre y clawdd ac ar gangau'r coed.

Ac yna, fel un yn afradu ei dda
Fe baentiodd y cyfan yn gyfoeth o ha'.

Arllwysodd liw aur drosto wedyn mewn hwyl
Fel un wedi 'mollwng ar ddiwrnod gŵyl.

Ond rhoes wyn drachefn dros brydferthwch y llun
Fel pe tae'n anfodlon ar ei waith ei Hun.

Mehefin

Fe ddaeth yr haf drwy darth y cwm
I diroedd llwm y bryniau
Â'i gyfoeth o ganiadau gwiw
A'i liw ar goed a blodau.

Mehefin hoff a'i wybren glir
Sy'n llonni'r trwm ei galon
A heddwch ei hwyrnosau mwyn
Sy'n dwyn im bob cysuron.

Ac eto gwn er maint yw rhin
Y mis Mehefin tecaf,
Pan chwery'r awel ar fy ngrudd
Mai prudd nid llawen fyddaf.

Buom

Un dydd o haf ger aber afon,
Arweiniodd ffawd ddwy rith unig
O darth y cei:
Dwy rith a grwydrodd dros foelydd hir
Ar lwybrau eu tynged.

Buont wayw, buont wawl
Yng nghyfrinachau'r gwyll;
Buont wawn, buont we
Yn oerni, noethni'r sêr.

Buont ddagrau gwlith ar gawn,
Yn gri yng nghalon y graig,
Yn awel fwyn yn mwytho blagur yn y gelli
A gwaedd yng nghrud y gwynt;
Buont gusan heulwen haf

A fflamau tân yng ngwawr y cread
A niwl yn yr hydrefau crin;
Buont farwor yn y machludoedd trist;
Buont hiraeth ymhob calon.

Un dydd o haf ger aber afon,
Cymerodd tynged fflam
O farwor rhyw hen dân
A fu'n mud-losgi drwy'r canrifoedd coll.

Y ddawns

Pan winciai'r sêr
Uwch lloriau candryll y mawnogydd:
Yn nwfn ei daear rhwng y creigiau hen
Y lled-orweddai hi
A chynnwrf, oesol nwyd,
Ail-greu
Yn mwytho'r cnawd.

Ar nodau cyfareddol pibau hud,
Dawnsiodd yr alwad gyfrin
Dros noethni llawr y ffridd,
Ac yno,
Ffroenodd yntau'r gwahodd taer.

Cyffrôdd y mêr
A'i gymell,
Letraws drwy y gwyll,
Tra chwarddai'r sêr
Wrth newid eu partneriaid
Yng nghryndod
Crych
Y tonnau tywyll.

Nidianws
Mawrth 2, 1979

Bu haul y dwyrain yn sgleinio'n ffals ers dyddiau:
Hen lwynog o haul:
A chrinodd y llwyni di-wraidd
Gwyddem ei bod hi am storm
Yr oedd pyst yn ei gynnal.

'Duw Mawr!
Mi ddwedais i wrthyt am fod yn ofalus,
Rhyw degan brau oedd o,
Yn edrych yn neis o bell;
Damia di!'

'Dyna fo, paid â chrïo,
Hitia befo,
Mae digon o bethau tebyg yn Heol y Frenhines
Am bris!'
'Rydan ni wedi prynu digon yn siop y twyllwr;
Sych dy ddagrau,
Dydi'r byd ddim ar ben,
Mae'r hen deganau
Ar gael o hyd.'

'Dyna ti; Dyna welliant;
Wel y diawl bach!
Paid â'u lluchio fel yna!'

Diwrnod felly oedd hi ddoe,
Hen ddiwrnod pan fydd cathod
Yn rhedeg ar ôl eu cynffonnau:

Mae yna ambell ddiwrnod felly;
O, oes.

Y Fflam

Dros rawd canrifoedd
Mudlosgodd
Ym marwor
Difaterwch cenedl.

A hi'n hwyrhau
A'r lludw llwyd yn gwynnu
Yn y gweddill gwreichion,
Rhoes hufen gwlad
Broc i'r marwydos llugoer.

Ac o sylfaen eu gobaith
A'u haberth
Daw gwawl
A golau
Y genhedlaeth a fydd.

Y Gorchfygwr
(Awdl fuddugol yn Eisteddfod Llangwm)

Cofiai'r ddigynnen gwm a'i lawenydd
A'i obaith yn dân a'r gân o'r gweunydd,
Haf yn ei anterth a nwyf y nentydd
A hwyr hwsmonaeth ar ros a mynydd,
Mwyn oed yn hedd y coedydd – a byd gwâr,
Heulwen, galar yn dilyn ei gilydd.

Syllai'n atgofus allan – ar y cwm,
    Nythle'r cur anniddan;
  Lle llid a gofid a gwan
  Edlych a diffrwyth ydlan.

Gwaith ofer fu trin gweryd, – ni ddaeth nef,
    Ni ddaeth nerth na golud;
  Ydfaes a drôdd yn adfyd,
  Croes goruwch astell pob crud.

I'w alaeth nid oedd ymgeledd – a threch
    A thrais ar yr orsedd;
  Cymod nid oes â'r camwedd
  A dynn o fwthyn i fedd.

Tua'r gorllewin mae gwawr i'w linach
A hwnt i'r anial mae gwlad dirionach,
Yno mae gwanwyn a haf amgenach
A nwyd llawenydd a bywyd llawnach;
Mae tud well ymhellach, – dros y tonnau
Onid oes moethau a byd esmwythach?

Yn Ebrill dan las yr wybren – anodd
    Oedd myned o'r Eden;
  A phob talar a tharren
  Yn gyfres o hanes hen.

Oriau du fu troi i'r daith – a'i galon
      Am gelu pob artaith;
   Ei holl ing mewn tywyll iaith
   Yn hybu ei anobaith.

Canu'n iach a'r gwyn gadachau, – wylo,
      Tawelwch ac ofnau;
   Hyder a dymuniadau
   A gwyllt atgofion yn gwau.

Rhwygo trwy'r tonnau brigwyn – a'r llwybr
      Gŵyr, llaith yn ymestyn;
   Dolef adar yn dilyn
   A'u gwaedd uwch yr ewyn gwyn.

Hwyrnos a'r criw'n dilorni – eu hagwedd
      A dirmygu gweddi;
   Cras y Saesneg a'r rhegi
   Uwch llaes dawelwch y lli.

   Y cywarch ar ffurf cawell
   A llef a banllef o bell,
   A du niwl yn dod yn nes
   Yn ermig tywyll armes,
   Daw sŵn anwar gynddaredd
   O ru'r aig i dorri'r hedd.

   Gwaneg yn brig ewynnu
   Fel her ar y dyfnder du,
   A rhyw oslef echryslon
   A dyr o lifddwr y don.

Pob carthen a'r hwylbrenni – a dynnwyd
      I donnau y weilgi;
   Dolef o dduwch dyli'
   A llef uwch ymchwydd y lli'.

Y criw er gwanned eu cred
Yn eiriol am ymwared;
Ofni loes yn yr hafn wleb
A thyniad ei glythineb,
Wylo ac ofni eilwaith
Selerydd y llofrudd llaith.

Yn ysig trwy'r hir wythnosau, – yn gaeth
　　I raib gwynt a thonnau;
A hynt adwythig heintiau,
A'u rhan o byd yn prinhau.

Ond wele un bore bach,
Yn ddiau orwel dduach
A chyrion rhyw wych oror, –
Ai tir mwyn tu hwnt i'r môr?
Mae pob calon yn llonni,
Gwaedd gwyd uwch dŵr llwyd y lli;
I wynebau daw gobaith
O'u dwyn i derfyn y daith.

Plant ei blant holant o hyd – ym min hwyr
　　Am hen oes ei febyd;
Misoedd maith ei daith o'i dud
A'i oriau di-seguryd.

Am y sen, am wasanaeth, – y penyd,
　　Poenau ei genhedlaeth;
Am y llafur a'r cur caeth;
Degwm ac erledigaeth.

Mae yno diroedd a phob mwynderau
A hoen awelon a heulwen olau,
Ac yno mae hedd mewn unigeddau
A bro awenydd yng nghysgod bryniau,
Arial sydd yn ei herwau, – a chynnydd
Ac oriau llonydd ar gwr ei llynnau.

Cymdogion
(cerdd gocos i'r Talwrn)

Rhai rhyfedd ydyn nhw!
Does dim llawer o how-di-dŵ
Rhyngom o un pen blwyddyn i'r llall
– O! 'dydyn nhw ddim hanner call
Maen nhw'n cadw cathod –
– Nid cathod dal llygod
Ond hen bethau mawr blewog, blewog
Hanner cynddeiriog,
Yn mewian a herwa
Hyd oria mân y bora.
Mae 'na gannoedd hyd y lle –
– Neu mi roedd yna'n 'te
Cyn i mi brynu twelf bôr.
Mae 'na lai rŵan o hundred and twenti ffôr.
Roedd yr hen ddynas 'na'n deud drefn
Ar fy mat i wrth drws cefn,
A'r hen fwnci 'rhen ddyn 'na
Yn ei phorthi ei ora.
Bron iawn iddyn nhwtha gael haels yn eu bolia:
Dydi'r cathod ddim yn cael digon o fwyd
Tase'n nhw'n bobol, mi fuasai'i gwynebau nhw'n llwyd.
Ond mi wyllties i hefo'r bygars
Pan ddaethon nhw dros clawdd fel bomars
I'r gwely slots i grafu
A ballu – a ballu.

Mae gen i Alsesian
A mae o'n gythgam milan;
'Dan i am eu gwaed nhw a'u cathod
A dwn i ddim lle mae hi'n mynd i ddarfod.
Hys! Hys! Cydia nhw Herod!

Ôl traed

Alis Pyrs!
A'i thraed yn tragwyddol gyfeirio
Ar ddeg munud i ddau;
Athrawes Ysgol Sul
Y dosbarth rhagbaratoawl
Waeth fel bo'r tywydd.
Olion ei throed hi fyddai'r rhai cyntaf
I'w gweld ar y glendid llyfn
Ar ôl cawod o eira,
Heibio Erw'r Ieir
A'r Erw Bengam
Hyd at ddrws
Tywyll
Festri Seion.

O genhedlaeth i genhedlaeth,
Di-goleg,
Di-dâl,
Na disgwyl diolch.

'Deudwch ar f'ôl i...'
'A' – 'a'
"Bi' – 'bi'
"Ec" – 'ec'.
'Ac eto...'
'A' – 'a'.

Ac o fethu,
Fyddwn i byth yn siŵr –
Ai dwyster?
Neu drugaredd?
Neu dosturi?
A welwn rhwng ymyl fain
Y sbectol
Lliw aur

A chysgod cantal
Yr het ddu.

Yr oedd mwy o amheuaeth
Am y pin dur,
Blaen llym,
A'r clap
Crwn,
Gloywddu
Ar un pen iddo
A ddaliai'r het yn ei lle.
Tybed?
O! na, gobeithio...
Ac eto, roedd gan Meri Defis
Oedd yn byw yn y llan
Dwll yn un glust
A chylchyn tenau o aur drwyddo –
Aur pur!
Eglwysreg oedd Meri Defis.

Alis Pyrs,
Daclus,
Ddiarhebol ddarbodus,
Hyd yn oed yn golchi a smwddio sach
Yn blygiadau cymen
I'w rhoi am ei phen
O dan y baich
Brigau crin
Pan elai i gynuta
I Lepa'r Coed,
A'i gario
Ac un llaw yn ei gynnal
Fel yr Eifftes yn cario piser
Yn llyfr yr Ysgol Sul.

Bûm yn hir cyn deall
Fod y gwallt gwyn

Wedi ei blethu
A'i droelli
Yn fynsen dwt
Rhwng gwegil a chorun.

Machludodd yr haul
Fel dadrithiad
Dros Ben Rhiw'r Saint.

Mae ôl traed y byd
Wedi migno
Y llyfnder glân
Yn llwtrach
Brown
Budr
O'r drws di-baent
Heibio'r Erw Bengam ac Erw'r Ieir.

Pelydrau

Gwanai cleddyfau'r machlud, melyngoch,
Drwy'r ffenestri plwm.
Herciai'r addolwyr hwyrol
Drwy'r porth
Ac eco'r clychau
Yn y rhedyn ar y llethrau:
'Ding, dong,
Ding, dong,
Ding –'
'Arglwydd trugarha wrthym.'

Gorweddai'n llonydd
A chysgod gwên ar yr wyneb cystuddiol.
Eiliad neu ddau
A llithrodd pelydryn golau
Ar draws y llygaid pŵl,
Fel dawns cywion haul
Ar y waen,
Yn dianc
O flaen cysgodion y cymylau.

Cofiai ei hun yn fachgen
Pan yrrai'r haul ei lafnau byw
Drwy'r ffenestri plwm.
Cofiai wylio'r gronynnau aur
Yn gwibio'n wyllt
Yng ngorfoledd dawns y golau melyn;
Estynnai law atynt
Ond nid oeddynt yno,
Diflannant i'r diddymdra, hanner tywyll,
Rhwng ffenestr a ffenestr.

Ymgrymai Person y Plwy:
'Crist, trugarha wrthym;'
Llafarganai'r bobl,

'Trugarha.'
Fel lleidr symudai'r gwyll
O sedd i sedd
I ddiffodd y golau
Fel diffodd gobaith.

Daeth cwmwl
A phylodd y golau yn y llygaid llonydd.
I ble y diflannodd y rhai a gerddodd drwy'r porth?
Y rhai a fu gydag o yn y ddawns?
Eiddo pwy yw'r cysgodion
Sy'n crwydro yn y cyflychwyr?
Galwodd arnynt rhwng y meini brau
Lle bu'r drycinoedd
Yn araf ddileu'r llythrennau;
Nid oedd neb yn ateb.
'Y gronynnau gloywon?'
'I ble'r aethant?'
Onid yn hwyr echnos y gwelodd, yn hogyn,
Olau'r tân
Yn llamu oddi ar bentan yr epil
Drwy'r drws agored
I hollti'r gwyll
A'r gwreichion yn tasgu dros y trothwy?
Eilwaith llathrodd y golau ar draws y llygaid
Wrth gofio
Dawns gobaith y gwanwyn ar yr eingion,
Yn darnio cwlltwr ac yn clemio swch,
Yn ail a thrydydd flaenu
Dannedd byr yr og.

Onid neithiwr
Yr oedd golau yn y felin?
Golau fflam y gannwylll wêr
Yn dianc dros y rhagddor
I golli'r ffordd yn nhywyllwch llawr y cwm.
Cysgod y melinydd barfwyn

Yn gryndod ar y muriau llychlyd;
Pob hopren lwythog
Yn araf lenwi'r sachau
Ac yntau'n ffyddiog ddisgwyl
Yn sŵn rhoncian yr olwyn fawr
A chwyno bodlon
Y meini.

'Oes yna olau yn yr Hafod?'
'Ymhle maen nhw,
Plant yr Hafod a'u llygaid llon?'

Fuodd yna ddim golau yn yr Hafod
Ers trigain mlynedd a mwy;
Bu'r gwynt glasgoch yn chwipio'i feirch
I ben ucha'r cwm
I ddiffodd y gannwyll olaf yno,
Tra oedd y plant yn chwilio gwynfyd
Y golau llachar
I'r dwyrain,
Hwnt i'r ffin.
Dychwelent ambell bnawn
'Nawr ac yn y man
A diflannu fesul un ac un,
Fel y gronynnau llwch
I'r gwyll,
Tu hwnt i'r ffenestr blwm.

Daw lleiniau gwantan o olau
O weithdy'r saer
Heno,
Eu pelydrau'n ceisio ymlid y cysgodion
A'r cysgodion yn ennill,
Dro ar ôl tro
Yn sŵn pwyo hoelion
I gnawd y byrddau derw.

Symudai'r galarwyr
Yn araf,
Drwy'r porth,
Yn sŵn cnul y gloch:
'Dong.'
'Dong.'
'Dong.'

Eisteddai bachgen yn gwylio
Ac yn estyn llaw i ddal y gronynnau byw
Oedd yn troi
A throi
Yn y pelydrau llachar;
Dawnsient yn loywon
Cyn diflannu
I'r gwyll rhwng ffenestr a ffenestr.

'Gwared ni Arglwydd daionus,
Yn oes oesoedd
Amen.'

Gwreiddiau

Alaeth a olchai'r moelydd; – ysai mellt
    Drwy wres mwll y gweunydd,
  Og y rhew fu dros eu grudd
  A harddwch lawer hirddydd.

Arafwch y canrifoedd – a lithrodd
    Dros lethrau a chymoedd;
  Arfod un diwrnod oedd
  Eu naddiad ar fynyddoedd.

Er dyrnod a chraith a dygn arteithiau,
A thurio a rhwygo y cadarn greigiau,
Erys cyfaredd ar wyllt oleddau
O ris i ris ar letraws yr oesau,
Hen rinwedd sy'n y bryniau – aruchel
A hoen yr awel drwy'r gwyn foreau.

Er y cafnio ar lyfnder y cefnau
Gwisg yr eithin guddiai'r atgas greithiau,
A deuai'r hudol borffor ffiolau
Yn llwch o addurn ar y llechweddau;
Hulio gwâr ddôl â gweiriau – ac egin
A fynnai dewin lle brwydrodd duwiau.

Ar ei rhaid bu'r cyndeidiau – yn hela
    Drwy niwl y llechweddau;
  Oriel lawn o ddarluniau
  O fyw hen yw'r ogofâu.

    * * * * *

Swynion anian feddiannodd – un o'r hil,
    Oyma ei wraidd a fwriodd,
  Eu hudoliaeth a'i daliodd,
  O'u haen hwy y sugnai'i nodd.

Tynnai hydre o'r gweryd, – a mawr rym
    O wres nwydau'r cynfyd,
  Ar oer barth ym more'r byd.

Dwyn aradr i'r gwydn erwau – i erlid
    Ofn hirlwm ac eisiau:
  Gwario'i oes heb log o'r hau.

Y mynydd oedd balas meini – a llain
    Y llus oedd yn erddi;
  Ei oludoedd mewn tlodi.

Naddodd y gwyllt fynyddau
Ei gorffyn o briddyn brau;
Deuai llid a gofid gwynt
A dolur cur y corwynt.
Doi anaf gaeaf a'i gŷn
A'i ddialedd i'w ddilyn;
Pydrai rhew ei ddeng ewin
A'i ias fain fu'n glasu'i fin,
A bu'r mellt yno'n delltu
Muriau a dorau ei dŷ.
Rhynnodd yn y dwyreinwynt
A gwain oedd i gledd y gwynt.
Ni wadai'i wedd lymed oedd
Neddyf y maith flynyddoedd.

Doi rhin i'w ruddin o'r man lle gwreiddiodd,
A'i bur hoff iaith drwy'r oesau berffeithiodd;
Yma ei lên yn emau a luniodd
A hud ei hawddgar henwlad a garodd;
Ei linach a'i dilynodd – yn eu dydd
I noddi'r ffydd – y ffydd na ddiffoddodd.

* * * * *

Er rhoi llu annwyl a fu'n troi y lleiniau
I'w lle unig yng ngraean y llannau.
A'r oer awelon mewn distaw chwarelau
'Rôl trymwaith hirfaith yn rhydu'r arfau
Fe ddaw adlais hen leisiau – yn agos
O niwl y cyfnos dros ael y cefnau.

* * * * *

Daw miwsig mwyn delynau
O dannau cain y cyll,
I gofio yr eneidiau
Sy'n crwydro yn y gwyll,
A thrist alarnad feiolin
Yw dagrau'r glaw ar gangau'r ynn.

Hen hanes anghofiedig
Sy 'nghudd dan haenau'r ffridd
A'i dristwch a'i lawenydd
Sy'n cerdded drwy fy mhridd
A chyfrinachau'r awel fwyn
Yw'r sisial brwd sydd yn y brwyn.

Fy hen gymdeithion ydynt
Y cadnoid yn eu cell
A'u cyfarth trist hiraethus
O'r unigeddau pell;
Gwrandewais bruddgan gwynt y nos
Rhwng cerrig gwargrwm ar y rhos.

Etifedd wyf i'r gwyntoedd
A'm brodyr yw y sêr;
Mae lledrith pyllau'r fawnog
Yn oedi yn fy mêr;
Mae gwyll a gwawr a lliwiau'r rhod
Yn delynegion yn fy mod.

Torri'r llythrennau'n araf
Mae rhew a glaw a gwynt
Ar y gwenithfaen caled
Hanes yr oesau gynt;
Cyfarwydd wyf â geiriau'r iaith
A champ eu crefft ar rosydd llaith.

Bodlon wyf ar hudoliaeth
Y ffridd, y sêr a'u swyn,
A moelni oer y mynydd
A chân y gwynt a'i gŵyn,
Cans wrthyf fi mae'r pabwyr main
Yn adrodd llawer stori gain.

Yr un o hyd yw'r gwreiddiau
A'm daliodd innau cŷd
Yn rhwym wrth swyngyfaredd
Y gornel hon o'r byd:
Mae rhes ar res o feddau llwm
Yn dystion mud ar lawr y cwm.

Golud
(1996)

Gwelais ogoniant y machlud a'r gwawrio
A gwelais y sêr disgleiriaf erioed;
Gwelais y gwlithyn yn berl ar y gwelltyn
A'r blagur yn iraidd ar gangau y coed.

Clywais gylfinhir a'i chwiban o'r fawnog,
Melodi'r dyfroedd rhwng cerrig y rhyd,
Emyn y gwenyn ym mlodau y gweunydd
A sisial cynhyrfus y gwynt yn yr ŷd.

Teimlais gusanau yr awel o'r mynydd
A theimlais gyfaredd distawrwydd y ffridd;
Teimlais esmwythder hen iau fy nghynefin
A theimlais y gwanwyn yn cerdded fy mhridd.

Straeon Byrion

Rhy Hwyr

Ffarm fechan, ychydig mwy na thyddyn go lew oedd yr Hafod ac yno y trigai Lisi hefo'i brodyr Wiliam a Dafydd.

Wiliam oedd yr hynaf ac yn wael yn ei wely – yn wael iawn, dyna ddywedodd y doctor.

Bu'r ddau arall ar hyd y blynyddoedd yn dibynnu ar Wiliam. Y fo oedd yn penderfynu popeth. Ei eiddo fo oedd y gair terfynol ymysg yr ychydig eiriau a ddefnyddid yn yr Hafod. Prynu, gwerthu, pryd i ddechrau aredig, i hau, i gneifio ac i ddechrau ar y gwair – Wiliam oedd yr awdurdod. Wiliam oedd yn mynd ar y bws siopa i'r dref ar ddydd Mawrth hefyd, ac yr oedd hi'n ddydd Mawrth.

Aeth pythefnos heibio heb i neb arall wneud osgo i gychwyn ac angenrheidiau byw erbyn hyn yn prinhau.

'Dos di.'

Yr oedd 'Na' Dafydd yn fwy o hychiad nag o air.

'Wel! fedra i ddim, a fynta fel y mae o,' gan bwyntio'i bys rhwng y ddwy hanerob a fachai wrth ddistiau duon y gegin.

Hychiad arall a syllu'n hir i'r tân oedd yr unig ateb. Fuo Dafydd ddim tu hwnt i ffiniau'r fferm ers blynyddoedd. Byddai Lisi yn mynd i'r capel ambell dro, ond Dafydd byth.

'Dos wir.'

Cythrodd Dafydd i'r bara llefrith a osodwyd o'i flaen a'i lowcio'n swnllyd fel hwch mewn cafn. Peiriannol oedd pob symudiad a grym arferiad a'i ysgogai ymhob dim. 'Nag a'i o myn diawl i'r hen dre 'ne ar yr hen fŷs cythrel 'ne a phawb yn rhythu arno fel pe tae ganddo gyrn ar ei ben,' meddyliodd.

'Brysia wir, dos i gymhennu dipyn arnat dy hun, newidia'r hen gôt fudr 'ne a rho gadach i guddio'r goler rags 'ne. Mae sgidia dydd Sul Wiliam yn lân. Hwde!'

Cyndyn iawn oedd Dafydd, roedd taith i'r dre fel taith i'r byd a ddaw. Wiliam oedd wedi arfer.

'Duw, Duw, i beth oedd gynno fo eisio mynd yn sâl rŵan?'

'Wel, hel dy draed neu mi fydd y bys wedi mynd!'

Hychiodd Dafydd eto heb wneud unrhyw arwydd pellach i symud oddi wrth y tân. Syllodd ar y dresel fel pe heb ei gweld erioed o'r blaen, y llestri gleision a'r gwydrau bach coch a gwyrdd. Wiliam ddaeth â nhw o ffair Glame flynyddoedd yn ôl; syllodd yr un mor ddall ar y ddau gi pot ymhob pen a'r ci mawr yn y canol. Roedden nhw'n hen iawn a'r un mawr wedi torri rywdro a rhywun wedi rhyw fath o'i drwsio. Symudodd ei olwg i gyfeiriad y cloc mawr, roedd o'n sgleinio'n loyw.

"Rarglwydd mawr! dos yn dy flaen, ddyn – mae'n chwarter i ddeg.'

Daeth sŵn cnocio o'r llofft. Piciodd Lisi yn fân ac yn fuan i fyny'r grisiau ac i lawr yn ei hôl.

'Mae Wiliam yn deud fod rhaid i ti fynd heddiw a dos a hwn i siop y drygist ar y sgwâr, mi roith dynes y siop y peth sydd eisiau iti, mae Wiliam yn deud. Ffwrdd ti!'

Symudodd Dafydd yn araf i'r gegin gefn, ymolchodd ychydig fel cath, dringodd y grisiau fel malwen, damiodd y cadach am ei wddf a rhoes esgidiau Wiliam am ei draed.

'O Dduw! roedden nhw'n gwichian, byddai pawb yn edrych arno.'

'Dyma hi'r list iti.'

Gafaelodd yn y fasged fel tae hi'n llawn o nadroedd gwenwynig a llusgodd yn anfoddog am y drws ac i lawr y ffordd gul i gyfarfod y bws.

Diwedd Hydref oedd hi a'r coed ar y llechweddau yn llanast o liwiau ond ni welai Dafydd ddim; welodd o 'rioed mohonynt ac nid oedd harddwch natur yn ysgwyd dim arno. Fel yno roedden nhw iddo fo, hydref yn dilyn haf yn dilyn gwanwyn a fyddai yna fawr o wahaniaeth yn y gaeaf. Dyna'r drefn.

Daeth y bws. O'r Arglwydd roedd o'n llawn o bobl. Bustachodd i fyny'r stepiau a chythrodd i'r unig sedd wag yn ymyl y drws. Welodd o neb, dim ond môr o wynebau.

Rhonciodd y cerbyd ymlaen filltir neu fwy ac arhosodd i godi rhyw wraig. Eisteddodd yn ochr Dafydd; gwasgodd yntau mor agos ac y gallai i'r ffenestri ond yr oedd hi'n ddynes helaeth a theimlai Dafydd ei hun yn ymladd am ei wynt.

Dechreuodd hithau siarad. 'Dafydd Jones yr Hafod ynte?' 'Wiliam yn cwyno dipyn yn tydi?' 'Beth ddwedodd y doctor?' Saethai'r cwestiynau ato heb iddo gael amser i ateb un, petae ganddo eisiau.

Ymlaen ac ymlaen yr elai'r ddynes dew a'r bws. Chlywodd Dafydd erioed sôn am wacter ystyr.

'Pam ddiawl na chauith hi ei hen geg yn lle boddran yn ddi-derfyn fel rhyw gacwn cythrel yn glustiau rhywun o hyd.' 'Ie' a 'Nage,' 'Dos' a 'gwna' oedd yr unig eiriau yn yr Hafod a rheini yn ddigon anserchus a phiwis.

Cyrhaeddodd y dref ac i lawr ag o.

Nid oedd neb ond Dafydd yn sylwi ar yr esgidiau gwichlyd.

'Chwarter i bedwar mae'r bŷs yn cychwyn yn ôl.'

Rhuthrai pobl yn ôl ac ymlaen ar y strydoedd fel pe tae hi'n ganol cynhaea' gwair. Roedd pob man yn ddieithr iddo a thipyn yn drafferthus oedd siopa am nwyddau ar y 'list', trwy drugaredd yr oedd enw pob siop gyferbyn â'r nwyddau ar y papur. Yn araf bach daeth i arfer â'r gwaith. Holai hwn a'r llall am Wiliam ond unsillafog iawn oedd yr atebion. 'Gwael,' 'sâl' a 'sâl iawn' ambell dro. Cydymdeimla'r siopwyr. Estynnai'r papur neges iddynt ac yr oeddynt i gyd yn gyfarwydd ag ysgrifen wythnosol Lisi. Cyn hir, daeth yn fwy hyderus a daeth allan o'i gragen beth. Aeth yr atebion yn 'ddigon symol,' 'Doctor ddim yn canmol,' ac yna llithro'n ôl i'r unsillafiaeth arferol. 'Duw! doedden nw'n meddwl dim byd, hen arferiad siopwrs oedd o i gyd; treio bod yn neis, treio hel busnes. Hych!' Ond yr oedd o'n dechrau mwynhau ei hun.

I mewn ag o i siop y drygist. Dyn oedd yno, nid dynes fel y dwedodd Lisi.

'Dowch drwodd, dipyn bach o waith cymysgu ar y pethau ag ati. 'Steddwch neno'r tad.'

Syllodd Dafydd yn hir ar y poteli lliwgar yn rhesi ar resi

ar y silffoedd o'i flaen, gannoedd ohonynt, mae'n rhaid fod llawer o bobl yn sâl.

Siaradai'r dyn yn ddi-baid wrth bwyso a mesur y cyffuriau a chymysgu'r trwyth. 'Dyn clên ryfeddol oedd o beth bynnag.' Nid gofyn o ran arferiad oedd hwn yr oedd Dafydd yn siŵr; nid rhyw hen fân siarad i ddim byd, roedd hwn o ddifri.

Siaradai Dafydd erbyn hyn hefyd. 'Duwcs roedd o'n ddyn clên, peniog hefyd.' Cymerodd y pecyn poteli a'r pils. 'Dim i'w dalu Dafydd Jones.' Nid oedd o wedi meddwl fod eisiau talu ond prun bynnag yr oedd yna dinc diffuant yn llais y drygist a chododd ffydd Dafydd yn y ddynoliaeth gyfan.

Anelodd am y stesion bysus. Gwnaeth y ddynes dew le iddo wrth ei hochr. Holai pawb am Wiliam wrth basio i'w seddau ac atebion Dafydd yn hoyw, a gwenai hyd yn oed ar ambell un. Nid oedd y trip i'r dre yn gymaint o beth ag yr ofnai, yn wir teimlai rhyw fywyd newydd yn ei gerdded ac erbyn hyn roedd o braidd yn falch ei fod wedi dod.

Cychwynnodd y bys. Parablai'r ddynes dew yn ddi-baid. 'Duwcs! dynes gall.'

'Y wlad yn hardd 'radeg yma Dafydd Jos.'

Gwelodd Dafydd yr harddwch am y tro cynta yn ei oes. 'Hardd iawn, hardd iawn, eithriadol o hardd.'

Ymlaen ac ymlaen yr elent. Heliodd hithau ei phaciau at ei gilydd toc, stopiodd y cerbyd a rhonciodd hithau yn afrosgo trwy'r drws; estynnodd Dafydd ei phaciau iddi ac ymlaen â'r bys.

Heliodd ei bethau at ei gilydd ac i lawr ag yntau yng ngheg y ffordd gul i'r Hafod. Cododd ei law ar y teithwyr a throediodd yn sionc i fyny'r allt am y tŷ.

'Sut mae o erbyn hyn?' Nid oedd gwên ar wyneb Lisi ond yr oedd o'n well o lawer, y doctor wedi bod ac yn canmol yn arw, fyddai dim eisiau'r cyffuriau bellach.

Eisteddodd Dafydd wrth y bwrdd a bwytaodd yn harti.

'Diawcus! mae'r gacen ma'n un dda.'

'Be'di mater arni?' edrychodd Lisi arno yn wysg ei

chornel. Tybed oedd o wedi bod yn hel diod, ni chofiai iddo ganmol dim erioed o'r blaen.

'Gwell i ti fynd i fyny.'

Cerddodd yn ysgafn droed i fyny'r grisiau.

''Dallt dy fod ti'n well Wiliam, yn well o lawer, mae'n rhaid fod yr hen ddoctor yn dallt i bethe yn o dda. 'Sdim eisio'r hen gyffurie ma medde fo. Pawb yn holi . . . '

'Be ddiawl sy' arnat ti'r gwirion i hun? Ble buost ti, yn y Bedol ynte'r Crown?'

Ciliodd Dafydd i'w lofft, tynnodd y cadach oddi am ei wddf, newidiodd i'w hen gôt ac aeth i lawr y grisiau'n araf.

Tynnodd esgidiau Wiliam a gwisgodd ei esgidiau' hun.

'Mae llith y lloia'n barod i ti, maen nhw'n brefu ers meityn.'

Hychodd Dafydd, gafaelodd yn y ddau fwced ac allan ag o at yr anifeiliaid.

Un Gwanwyn

Bu'n sychu ers dyddiau ac awel gynnes dechrau Ebrill yn ysgafnu'r pridd.

Cynlluniodd Wiliam Tomos ei ardd yn ofalus; gwelodd yn ei feddwl y rhesi tatws a'r pys a'r ffa a'r gwely 'nionod yn ogoneddus daclus, ddi-chwyn. Dyn trefnus oedd Wiliam.

Roedd hi'n ddydd Sadwrn ac yntau yn dechrau palu'r ardd yn barod erbyn plannu'r tatws cynnar y Llun canlynol, Llun y Pasg, dyna'r drefn erioed. Felly y gwnâi ei dad o'i flaen ac yr oedd yn gas ganddo newid. Trafferth oedd hynny, trafferth yn torri ar y drefn ac yn lladd traddodiad.

'Wiliam!'

'Soh, Doh.' Roedd yna elfen gerddorol yn Wiliam. Llais y wraig o'r gegin gefn oedd yn cyfateb i'r nodau ym meddwl Wiliam. Daliodd ati i balu.

'Wiliam!' eilwaith.

'Doh, Mi' y tro yma. Cerddodd yntau draw i'r cwt ym mhen ucha'r ardd. Edrychodd ar y tatws cynnar yn blaguro'n rhesi taclus yn y bocs. 'Bydio'n neis, bydio'n neis iawn.'

'Wiliam!' Siarp.

Siarp's Ecspress oedd o wedi arfer ei blannu erioed. Roedd yna well blas arni, meddai wrtho'i hun na 'run daten arall. Bodiodd un ohonynt 'Neis iawn, neis iawn wir'.

Clywai sŵn traed Jini Cathrin yn clebran yn gresendo gorwyllt ar y llwybr cerrig gleision.

'Doeddech chi ddim yn y nghlywed i ddyn y!'

'Chlywais i ddim byd,' meddai Wiliam, bron yn or-ddiniwed.

''Dach chi'n fyddar 'dwch a finne'n gweiddi nerth esgyrn fy mhen?'

Gwenodd Wiliam ar y 'tatws plants', fel petai yna ddealltwriaeth rhyngddo fo a'r blagur piws tyner.

'Tynnwch y car o'r garej.'

'Ond . . .'

'Dim "ond" o gwbl, rydan ni'n mynd i'r dre.'

'Ond mae gen i eisio . . . '

'Rydan ni'n mynd i'r dre Wiliam – a dyna ben arni.'

'Ond mae'n rhaid i mi balu yn barod erbyn . . . '

'Wiliam! Rydw'i wedi penderfynu – 'dan ni'n mynd.'

Tagodd Wiliam; petai o'n arfer rhegi, mi fyddai wedi gwneud gydag arddeliad.

'Rhaid i ni fynd i siopa; g'wilydd gen i'ch gweld chi'n edrych mor siabi. 'Drychwch ar Mr Roberts drws nesa, cymrwch siampl ganddo fo, cywilydd ichi,' ac ymlaen ac ymlaen nes y credai Wiliam fod hyd yn oed blagur y Siarps Ecspress yn mynd yn fwy piws. Mr Roberts oedd patrwm y patrymau, nid fod gan Wiliam ddim yn erbyn y dyn ond roedd o'n amau y gallai neb fod mor berffaith rhywsut.

'Ond dydi'r gôt sydd gen i . . . '

'Nag ydi, 'dach chi'n gwybod o'r gorau.'

'Ond mae hi fel newydd bron.'

'Ond! Ond! Ond! dragwyddol, fedrwch chi ddim cael gair arall weithiau 'dwch. Cadwch y fforch yna a cherwch i wneud dipyn o drefn arnoch ych hun. Tynnwch y car allan, mi gawn ni ginio yn y dre.'

Tawodd Wiliam, er i'w wyneb ymdebygu i liw y blagur yn y bocs. Fuo fo 'rioed yn ŵr tafodrydd; 'chafodd o mo'r ddawn a gafodd Jini, 'doedd o 'rioed wedi arfer prun bynnag. Dioddefodd yn ddistaw drwy'r blynyddoedd gan wneud yr hyn a ddywedid wrtho. Nid oedd rhaid iddo feddwl wrth gwrs, fe wnâi hi hynny ac roedd yna rywbeth o blaid hynny mae'n debyg. Er hynny fe gawsai Jini Cathrin sioc farwol pe clywai hithau'r lleisiau oedd yn dygyfor oddi mewn i'r gwir Wiliam.

'Ond, beth am yr ardd?'

'Mae 'na ddiwrnod ar ôl heddiw.'

'Ia, ond mae'n ddydd Llun y Pasg.'

Dynes fawreddog oedd Jini Cathrin – ymhob ffordd. Prin y cyrhaeddai pen moel Wiliam at ei hysgwydd a theimlai nad oedd obaith i'w eiriau gwantan gyrraedd dros ehangder y ddwyfron a siglai o fewn dwy fodfedd neu dair i flaen ei drwyn. Cefnodd Wiliam o'r frwydr anghyfartal ac fel ci â'i gynffon yn ei afl, unionodd am ddrws y cefn.

'Tynnwch y sgidia' budron 'na cyn mynd i'r tŷ,' gwaeddodd hithau ar ei ôl.

* * *

Gwenai'r haul yn gynnes ar y sgrin wynt. Diwrnod i'r dim yn yr ardd. Colli diwrnod da i balu. Pwysodd ar y sbardun yn ffyrnicach, heb sylweddoli ei fod eisoes yn mynd yn gyflymach nag arfer.

'Cymrwch yn ara' deg, y ffŵl gwirion,' dolefai'r utgorn o'r sedd gefn. Yn y sedd gefn y byddai hi yn teithio a byddai gwisgo gwregys diogelwch yng nghyfyngdra sedd flaen yn ormod o dasg.

''Dach chi hanner call 'dwch?'

Arafodd Wiliam ddigon i fod o fewn llythyren y gyfraith. Tybed, meddyliodd, beth ddigwyddai petai o'n cael damwain. Byddai'r gwregys yn ei arbed o. Ond beth amdani hi? Creodd bictiwr yn ei feddwl o Jini yn saethu fel spwtnic dew dros y sedd flaen a thrwy'r sgrin wynt. Aeth yn chwys oer drosto er gwaetha'r haul. Beth ar y ddaear ddaeth drosto i feddwl am y fath beth, meddyliodd, ia, ac nid yn unig i feddwl ond i ddymuno hynny?

'Ond . . . ' Trodd i mewn i'r maes parcio oedd yn prysur lenwi.

'Ten pi plîs' meddai'r cap pig.

'Talwch iddo fo Wiliam.'

Oedd yn rhaid iddi ddweud wrtho am dalu? On'd oedd o wedi bwriadu talu; doedd ganddo ddim dewis p'run bynnag. Cofiodd am restr hir o ryw bethau bach fel yna oedd wedi mynd dan ei groen ar hyd y blynyddoedd. 'Wnaeth o ddim yn eu cylch erioed, dim ond eu derbyn yn dawel ddiwrthwynebiad; wnaeth o ddim meddwl llawer yn eu cylch ychwaith o'r blaen.

'Reit, mi awn ni am ginio yn gynta'i gyd.'

'O.'

'O be?'

'O, dim byd am wn i.'
Ciledrychodd hithau yn amheus arno.
'Mi awn ni i'r Pot Mêl.'
Chwarddodd Wiliam yn uchel, rhywbeth na wnaeth mohono ers blynyddoedd. Ond yr oedd meddwl am Jini Cathrin yn ymwthio i bot mêl yn goglais ei ddychymyg. Roedd gan y camel yn y Beibl fwy o obaith.

Rhythodd hithau arno â thân cenedlaethau o'r hil gecrus yn tasgu'n wreichion byw o ddyfnder ei llygaid.

'Welai i ddim i chwerthin yn ei gylch.' Rhuodd hithau o'r cefn.

Piffian chwerthin a wnâi Wiliam p'run bynnag, ni allai yn ei fyw gael 'madael â'r llun o'i feddwl.

'Fasa rhywun yn meddwl nag ydach chi ddim hanner call; dowch yn y'ch blaen wir, y mwnci gwirion, a dowch â'r ambarél yna hefo chi.'

'Ond tydi hi'n haul braf.'

'Yr ambarel!' Plygodd Wiliam i'r drefn er nad oedd arlliw o gwmwl i'w weld yn yr awyr un unman.

Dilynodd gamau stacato Jini i gyfeiriad y brif stryd â'r ambarel o dan ei gesail. Edrychodd ar ei chefn crwn llydan; edrychai'n fwy nag arfer o'r tu ôl rhywsut. Er na fu hi erioed yn fain, mi fu yn feinach.

'Y nefoedd fawr beth wnaeth i mi briodi hon?' meddyliodd, ond y gwir oedd mai hi a'i priododd o, chadd o fawr o ddewis. Teimlodd i'r byw fod ei fywyd wedi bod yn wastraff a bod amser wedi llithro yn ddistaw trwy'i ddwylo.

Roedd hi'n rhy hwyr bellach, ac eto yr oedd pobl yn byw yn hŷn erbyn hyn.

Damiodd, ond nid yn uchel.

Meddyliodd am y blagur piws yn ymwthio'n feiddgar yn y bocs tatws cynnar a'r grym oedd yn nirgelion byd natur. Roedd yna rywbeth yn ddidrugaredd mewn natur a gogoneddus hefyd.

Troediodd yn ysgafnach, teimlai'r gwanwyn hyd yn oed wrth gerdded yn y dref.

'Dowch yn ych blaen ddyn, yn lle snwflan tu ôl i rywun.'

'Cau dy hen geg,' meddai wrtho'i hun ac ychwanegodd 'y bits dew.'

Yr oedd hi'n andwyo'r gwanwyn hyd yn oed. Felly buo hi erioed; diflannai pob pleser yn ei gŵydd. Os byddai Wiliam am wneud rhywbeth o! na, roedd yna rywbeth pwysicach ganddi hi.

Ac yr oedd o wedi cael digon, mwy na digon.

Pam y dylai o blygu bob tro. Er hynny, â'r gwrthryfel yn dechrau ennill nerth yn ei enaid, ofnai fynd yn rhy bell; efallai wedi'r cwbl mai hi oedd yn iawn a bod angen rhywun fel hi i reoli ei fyd. Nid oedd yn glir iawn ei feddwl ynghylch hynny chwaith; teimlai yn ddigon dryslyd, yr oedd blynyddoedd o beidio meddwl drosto'i hun heb orfodaeth i benderfynu dim nac i weithredu yn ei nerth ei hun wedi gadael eu hôl.

'Cym on.'

Dechreuodd y tân ailgynnau yn ffyrnicach ac arhosodd i edrych trwy ffenestr siop yn fwriadol.

'Dowch yn ych blaen, be haru chi dwch?'

Edrychodd arni, ac o bosib i Jini sylwi ar ryw olau newydd yn ei lygaid: nid oedd yn hoffi'r hyn a welodd.

Sylwodd Wiliam ei bod yn llai o faintioli rhywsut wedi dod i'r brif stryd.

I mewn â nhw i'r Pot Mêl. Chwarddodd Wiliam yn uchel ac edrychodd hithau arno mewn syndod.

''Steddwch yn fan yma.'

'Mi awn ni i'r fan acw.'

Prin fod Jini yn coelio'i chlustiau.

'Mi ordra i.'

'Dowch â'r meniw i mi.'

Yr oedd Wiliam fel rhywun wedi cael ceffyl newydd ac yn ei farchogaeth gydag asbri afieithus.

Cil-edrychodd hithau arno. Welodd hi erioed mohono fel hyn.

'Beth sydd wedi dod drosto?' meddyliodd.

Galwodd Wiliam ar un o'r genethod oedd yn gweini, ond ni chymerodd honno sylw ac aeth heibio fwy nag unwaith.

Yr oedd hi fel petai hi'n gwneud ati i'w anwybyddu. Galwodd ar un arall ohonynt ac fe ddaeth honno â'i phensil a'i phad ond nid oedd Wiliam wedi anghofio'r llall. Pwyntiodd at y fwydlen â'i fys yn awdurdodol ar yr 'one egg & chips'.

'I ddau,' meddai yn derfynol.

Ni feiddiodd Jini agor ei cheg ymhellach er bod honno yn lled agored yn barod i dderbyn y stecen a arferai ei gael pan ar dro i'r dref. Brysiodd yr hogan i gyfeiriad y gegin a daeth yr eneth a wrthododd gymryd sylw ohono pan waeddodd arni y tro cynta allan o'r gegin â hambyrddiad o fwyd i deulu y tu ôl i Wiliam. Cul oedd y llwybr rhwng y byrddau ac eisteddai Wiliam ar yr ochr agosaf allan. Nid oedd yn siŵr ai'n ddamweiniol neu'n bwrpasol y llithrodd yr ambarel rhwng coesau'r ferch ond achosodd i'r hambwrdd a'i gynnwys saethu'n ddiseremoni i gyfeiriad y drws.

'Biti, biti garw,' meddai, gan wneud ffys fawr ohoni â'r eneth bron iawn mewn dagrau. Yn ddistaw y sibrydodd wrtho'i hun 'yr hen sguthan fach; eitha gwaith â thi'.

Gwelwodd Jini wrth weld yr alanas; daeth yr ŵy a'r chips, ond ni allai gyffwrdd â nhw. Bwytaodd Wiliam yn harti.

'Os nad ydach chi amdanyn nhw,' meddai, gan lygadu platiad Jini.

'Peidiwch â . . . ' ond cyn iddi orffen y frawddeg yr oedd o wedi tywallt chips ac ŵy Jini yn dwr seimllyd ar ei blât ei hun. Diflannodd rheiny hefyd. Roedd y gwanwyn yma yn gwneud i rywun fod yn fwy bwyteig, meddyliodd.

'Talwch!' meddai Wiliam.

Rhyfeddai at ei feiddgarwch ei hun; rhyfeddai'n fwy fyth at Jini Cathrin a oedd erbyn hyn fel swigen fflat. Allan â nhw i'r stryd.

'Dowch yn ych blaen, ddynes,' meddai, gan frasgamu rhyw hyd mochyn o'i blaen. Teimlai rhyw fywyd newydd yn cerdded ei wythiennau. Roedd o'n fwy na llond ei groen.

'Rhaid i ni alw yn siop . . . '

Rhythodd Wiliam arni. ''Dan ni'n mynd adre,' meddai,

cyn iddi orffen y frawddeg.

Sylwodd ar gi cochlyd ei flewyn yn gorwedd ar ochr y pafin â'i ên yn pwyso ar ei balfau ac un llygad yn agored. Cerddai dwy ddynes fawreddog, swnllyd a lliwgar i'w cyfarfod.

'Hys,' meddai Wiliam drwy'i ddannedd, heb wybod ar y ddaear beth a'i cymhellodd i wneud hynny. Moelodd y ci ei glustiau.

'Hys! Hys' meddai wedyn; gwelodd y ci'r merched lliwgar ac efallai iddo gredu mai rhyw anifeiliaid dieithr oeddynt; rhuthrodd amdanynt, baglodd y ddwy wysg eu cefnau i geg drws y siop cigydd gan waeddi a sgrechian a nadu. 'Wnaeth y ci ddim ond cyfarth wrth eu pennau.

'Adre!' meddai Wiliam.

Brysiodd ar draws y stryd i gyfeiriad y maes parcio cyn i Jini gael ei gwynt ati. Yn llawn ffwdan dilynodd hithau heb sylwi ar fachgen yn sgrialu'n wyllt ar ei feic i lawr y stryd.

Plannodd i'w chefn llydan nes ei thaflu, fel sach sbwriel i ledorwedd yn llonydd â'i phen ar y pafin a'r gweddill ohoni yn gamog yn y gwter. Heliodd pobl ar unwaith i gynorthwyo. Gwnaeth Jini Cathrin gymaint o sioe ag oedd modd gan riddfan yn ddagreuol. Galwyd am ambiwlans a llwythwyd yn ddiseremoni. Cliriodd pawb o'i flaen.

Yn y maes parcio, clywai Wiliam sŵn ambiwlans yn gwanhau yn y pellter.

'Soh, Doh, Soh, Doh, Soh, Doh.'

Dychwelyd

Bwriadodd Harri lawer gwaith fynd yn ôl am dro i'r hen gynefin. Dim ond am ddiwrnod, wrth gwrs i gael golwg ar yr hen le.

Treuliodd oes ddigon prysur, ac ni chafodd lawer o gyfle i ymweld â'r cwm lle bu ei deulu yn cyfanheddu am ganrifoedd. Ond yn ddiweddar, yr oedd yr awydd i ail gysylltu â'i orffennol wedi cryfhau. Chymerodd o fawr o ddiddordeb erioed o'r blaen yn y lle a ph'run bynnag nid oedd yna fawr o'r teulu ar ôl erbyn hyn. Nid oedd ganddo blant na neb mewn gwirionedd yn perthyn yn nes iddo na chyfyrder neu ddau yn Lloegr.

Yr oedd o'n trafaelio ers teirawr ac wedi cychwyn yn weddol fore i wneud diwrnod ohoni; teimlai ei hun yn dechrau stiffio braidd a throdd drwyn y car i ochr y ffordd i gael rhyw bum munud bach.

Tywynnai'r haul yn llawen a hithau'n fore o wanwyn braf. Blagurai'r cyll ar y clawdd â ffresni hyfryd yn llenwi'r awyr. Edrychodd draw dros y rhostir lle roedd haen o darth fel gwawn uwch y gors. Piti am yr hen honglad o adeilad a godwyd ar lan y llyn, ar wahân i hwnnw nid oedd yna fawr o olion dyn i'w gweld ac wrth gau ei lygaid ar ambell beth, bron na allai ddychmygu ei hun ar lain o dir ym more'r byd.

'Cw-cw.'

Yn ymyl hefyd, chlywodd o mohoni mor agos â hyn ers pan oedd o'n hogyn. Yr oedd wrth ei fodd.

Ie! Biti am yr atomfa ond chwarae teg, meddyliodd yr oedd rhywun wedi ymdrechu i'w llunio i gydweddu ag amlinell y mynyddoedd o'r tu ôl iddi. Nid oedd yn siŵr a oeddynt wedi llwyddo ai peidio. P'run bynnag yr oedd yr erchyllbeth yno bellach a fedrai neb wneud dim yn ei gylch.

'Cw-cw.'

Llonnodd ei galon ac ail gychwynnodd ar ei daith. Rhedai'r car yn esmwyth ar hyd y ffordd union heibio cyrion pentre'r Trawsnant. Yr oedd hi'n daith fendigedig a harddwch newydd y gwanwyn yn ei gyffroi i hymian canu mewn boddhad. Bu'r tywydd yn frwnt wrth yr arwyddbost a phrin y gallai ddarllen Abergain arno, nid fod arno'i angen, oherwydd gwyddai o'r gorau pa ffordd i fynd. Arferent fynd fel teulu ers talwm er nad oedd neb yn byw yn yr hen dŷ, dim ond mynd fel rhyw fath o wrogaeth i'w hynafiaid. Trodd i'r ffordd gul trwy'r hen wersyll milwrol a drowyd yn wersyll Pwyliaid. Moel iawn oedd y tir o gwmpas ac ychydig a dyfai ynghanol y crawcwellt. Nid oedd ond ambell ddraenen a cherddinen anaml i dorri ar yr undonedd moel a'r stormydd wedi eu plygu i gyd i'r un cyfeiriad. Nid oedd enaid byw i'w weld yn unman.

Cyrhaeddodd ben y gefnen ac i lawr i Gwm Coediwr, croesi'r afon ac i fyny'r ochr arall ar hyd y ffordd unig. Teimlai fel pe nad oedd neb ar y ddaear ond ef ei hun. Heibio hen furddunnod Tai'r Cynnull nes dod i olwg y Pant. Nid oedd arwydd o fwg o'r simnai yno er nad oedd hynny'n profi dim yn oes yr Aga. Oedd, mi roedd rhywun ar y buarth. Tybed pwy oedd y teulu oedd yno erbyn hyn? Roedd o'n siŵr fod un o'i hen neiniau wedi byw yno ar un amser ond nid oedd am alw er ei fod yn falch o weld rhywun, petai ddim ond o hirbell ar ôl croesi'r ddwy gefnen unig. Gyrrai'n ofalus i lawr y ffordd gul igam ogam, â brigau'r derw yn creu patrymau ar ei thraws a blagur sidan y bedw yn creu hud a lledrith uwch ei phen.

Daeth allan o'r car i edrych dros ganllaw'r bont. Yr oedd y dŵr fel grisial. Gwyddai fod yno frithyll ar un adeg, ond ni welodd yr un. Croesodd ac unionodd am y mymryn capel tu hwnt i'r afon. Yno y bu ei gyndeidiau yn addoli. Edrychodd trwy'r ffenestr – yr oedd o'n foel iawn ond yr oedd rhywun yn edrych ar ei ôl. Ceisiodd agor y drws ond yr oedd dan glo.

'Hei!' Trôdd i gyfeiriad y llais a gwelai ddynes yn brasgamu o'r unig dŷ oedd yn y golwg ar hyd llwybr caregog. 'Hei you! What . . . '

Duw annwyl! Saesnes! Ond nid Saesnes mohoni erbyn deall. Erbyn hyn yr oedd hi wedi mynd i arfer gwaeddi yn Saesneg ar unrhyw ddieithriaid a ddeuai i'r cwm. Dwynodd rhywun y cloc oddi ar bared y capel yn ddiweddar a bu hithau ers hynny yn cadw golwg manylach ar y lle. Ychydig o Gymry ddeuai ar sgawt fel hyn.

Ymlaen ag o i fyny i gyfeiriad Cwm Llwyd. Yno yr oedd y Ddôl Ucha ymhen pella'r cwm ac yno yr aeth y teulu i fyw o ffermdy'r Bryn a welai ar y gefnen i'r chwith iddo. Teimlai ei fod wedi dod adref bellach â rhyw ymdeimlad o berthyn i'r lle yn ei esgyrn. Yr oedd yn rhan ohono – onid o'r pridd hwn y cychwynnodd ei hil? Nid cwm diarffordd oedd o iddo fo. Anghofiodd yn llwyr am y cefnennau unig a groesodd. Onid gwarcheidiaid cysgodol i hen gwm ei hynafiaid oedd y mynyddoedd ysgythrog o'i gwmpas?

Daeth at dŷ y Rhiw ar fin y ffordd. Bu'n ffarm unwaith. Nid oedd neb o gwmpas ond yr oedd rhywun yn byw yno mae'n rhaid. Nid atebodd neb pan gnociodd y drws. Edrychodd trwy'r ffenestr fawr – rhy fawr o'r hanner. Bu rhywun yn tynnu'r terfynau oddi mewn i wneud un ystafell hir. Yr oedd un rhan o'r llawr yn uwch na'r llall a bwrdd o binwydd meddal melyn ar ganol y rhan ucha a chadeiriau cydwedd o'i gwmpas. Artiffisial iawn oedd y lle tân o gerrig yn y pen arall a chlustogau tewion lliwgar o'i amgylch. Aeth i lawr i gyfeiriad yr afon ac ar bostyn ar y lan darllenodd yr arwydd haerllug 'Private Fishing Apply: Wilkes. RhW'.

Oedd, roedd pethau wedi newid.

Daeth rhyw awel fain o ben ucha'r cwm a pheri crychni annifyr ar wyneb y dŵr.

'Cw-cw.'

Ail gychwynnodd y car. Neb yn Nant yr Hesg â'r tŷ yn araf fynd â'i ben iddo, nac yn Ffridd y Meini ychwaith. Daeth at lidiard ar draws y ffordd.

'No admittance. Forestry Commission Vehicles only' yn uniaith Saesneg fel petai neb yn deall Cymraeg.

Gadawodd hi'n agored o ran cythreuldeb.

'Y diawliaid!' meddyliai. 'Pa hawl oedd ganddynt i'w rwystro ef? Y lladron cythraul!'

Oedd wir, roedd rhywun yn cynnull y defaid i gorlan wrth dŷ Pen'rallt tu draw i'r afon.

Cyrhaeddodd y Ddôl Ucha. Dyma ben y daith, ni allai car fynd ymhellach a pha eisiau, dyma'r pen y bu'n anelu ato er yn fore. Daliai'r haul i dywynnu. Fe arhosai yma am dipyn. Yr oedd ganddo docyn o fwyd yn y car, câi eistedd i'w fwyta ar lan yr afon ac edrych dros y lle wrth ei bwysau.

'Cw-cw, cwcw.'

Tristaodd o weld cyflwr y tŷ a'r byrddau blêr wedi eu hoelio ar draws y ffenestri. Nid oedd clo ar hynny o ddrws oedd ar ôl. Llanwyd y parlwr â sacheidiau o wlân. Yn y gegin yr oedd bwrdd o estyll garw wedi eu bras hoelio a meinciau chwil o boptu iddo, potiau o sbarion marc defaid yma ac acw ar sil y ffenest a'r silffoedd wrth y drws a phriciau coch i'w hanner wedi diferu ar y llawr cerrig glas. Glynai'r llythyren bitch yng ngwaelod y crochan ar y pentan. Yr oedd y gymysgedd o'r gwlân a'i marc a'r pŷg yn dwyn rhyw aroglau atgofus i'w ffroenau na chlywodd ers blynyddoedd lawer. Gwelodd ambell enw wedi ei naddu ar y terfynau coed a rhywun ar ddiwrnod gwlyb wedi llwyddo i wneud pennill neu ddau ac wedi gosod ei enw o tanynt mewn gobaith am anfarwoldeb. Cyfrif y defaid a dyddiadau golchi a chneifio. Anhrefn llwyr ond oedd er hynny yn peri swyn rhyfedd iddo.

Daeth allan i'r awyr iach a thynnodd y tocyn bwyd o'r car ac i lawr ag ef i lan yr afon. Taenodd y llian ar y borfa gwta a dechreuodd fwyta. Yr oedd popeth mor dawel yma heb ddim annymunol yn tarfu ar heddwch y lle. Gwrandawai furmuron yr afon yn dawnsio dros y cerrig. Yr oedd hi'n nefoedd yma. Pwy fyddai eisiau gadael y lle byth. Ond cofiodd fod ei daid wedi symud oddi yno am nad oedd ysgol i'w blant yn y cwm. Bellach yr oedd y lle yn anghyfannedd a thristaodd hyn dipyn arno.

Gwelodd bedair neu bump o ddefaid yn dechrau crwydro oddi wrth gorlan Pen'rallt, ac yn sydyn fel pe baent wedi sylweddoli eu rhyddid, rhuthrasant yn wyllt i gyfeiriad y llidiart a adawodd o heb ei chau. Chwibanodd rhywun yn wyllt ac fel dwy fellten cythrodd dau gi i lawr y llechwedd ar eu holau ond methasant gael blaen arnynt.

Chwibaniad neu ddau wedyn a gorweddodd y cŵn. Daeth rhywun i ben yr orsing yn ymyl y gorlan a gwaeddi arno:

'You bloody English monkey. . .' Chlywodd o ddim ar ddiwedd y frawddeg. Yr oedd y cŵn yn cyfarth ac yn unioni amdano. Hysiai'r ffarmwr y cŵn. 'Cydia fo Mot. Hei Boi, amdano fo.'

Er iddo weiddi ei ddiniweidrwydd, nid oedd neb yn gwrando dim arno.

Yr oedd y cŵn yn agos erbyn hyn, yn rhy agos o lawer, nid oedd amser iddo hel ei gêr at ei gilydd: gwelai'r tafodau cochion yn llarpiau rhwng y dannedd gwynion miniog a charlamodd yr ugain llath i'r car â'r ddau fytheiad wrth ei sodlau. Bu'r ddau yn cyfarth ac yn campio o gwmpas y car yn fileinig am bellter wrth ei ddilyn. Ni feiddiai feddwl am gau'r llidiart a ph'run bynnag yr oedd y defaid trwyddi ers meityn ac yn pori yn braf ar y llechwedd wrth y Rhiw. Clywai gyfarth y cŵn yn ei glustiau yn hir ac nid cyn bod cryn bellter rhyngddo a'r Ddôl Ucha y penderfynodd aros i geisio dod ato'i hun.

Crynai ei bengliniau a theimlai'n reit wantan. Pwysodd ar ben blaen y car ac edrychodd yn ei ôl. Yr oedd yr haul yn diflannu a haen o niwl llwydaidd yn crafangu i lawr y creigiau ym mhen ucha'r cwm.

'Cw-cw, cwcw.'

Roedd o bron fel chwerthiniad o'r cyll ar ochr y ffridd.

Huw a Rhodri yn 1990

*Huw a Rhodri gyda chadair y
Genedlaethol, 1989*

Y bardd yn ei weithdy

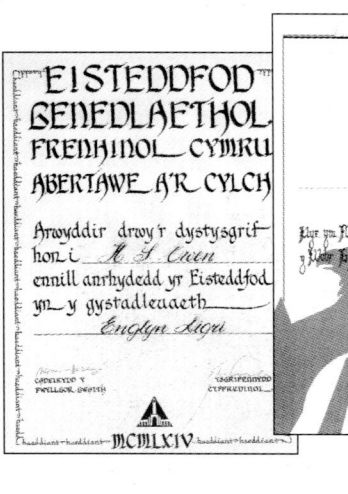

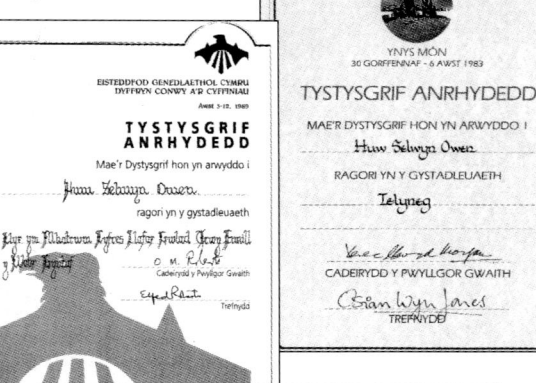

Coffr fach a mainc o waith Huw. Lluniodd Huw y stôl drithroed ar y dde o hen ddistyn a ddaeth o Dŷ Aberconwy pan adnewyddwyd hwnnw yn niwedd y 70au. Codwyd hwnnw yn wreiddiol yn rhan o drefedigaeth Normanaidd Conwy, a dyma'r tŷ hynaf yn y dref. Roedd Huw yn rhyfeddu fod y pren yn rhan o goeden a fu'n tyfu yn oes y ddau Lywelyn – a chyn hynny mae'n siŵr!

Rhai o dystysgrifau Huw o wahanol Eisteddfodau Cenedlaethol

Cylchu olwyn trol am y tro diwethaf yn Ysbyty Ifan:

i) paratoi'r cylch metel i'w wresogi
ii) tanio'r coediach
iii) Merêd, Pi a Huw yn gosod y cylch poeth ar yr olwyn
iv) yr olwyn orffenedig

EISTEDDFOD
GENEDLAETHOL
DYFFRYN CONWY
A'R
CYFFINIAU

1989

'Dan ni eisiau cyflwyno'r gadair a dan ni eisiau i Huw ei gwneud hi,' oedd yr addewid a'r amod a gyflwynodd cangen leol Undeb Cenedlaethol yr Amaethwyr i Bwyllgor Gwaith Eisteddfod Dyffryn Conwy a'r Cyffiniau. Huw gynlluniodd a chreu'r gadair – ac am y tro cyntaf mewn hanes, roedd saer a phensaer y gadair yn medru cyfarch yr enillydd gydag englyn yn ogystal.

Mae'r llun isaf wedi'i dynnu yn ystod seremoni cyflwyno'r gadair i swyddogion yr Eisteddfod yng ngwesty'r Foelas: Huw gyda Wil Williams, Undeb yr Amaethwyr, O.M. Roberts, cadeirydd y Pwyllgor Gwaith ac R.J. Evans, cadeirydd y Pwyllgor Llên. Mae Elfed Williams, trefnydd yr Undeb Amaethwyr yn cofio taith arbennig o'r gweithdy i Bentrefoelas mewn fan Peugeot 205 gyda'r drws cefn i fyny a Huw yn y cefn efo'r gadair a'i draed yn hongian allan, bron â chyffwrdd y llawr, yn wynebu'r traffig y tu ôl iddo ar hyd yr A5.

Huw mewn cornel braf o Faes Eisteddfod 1989.

Huw yn gwrando ar feirniadaeth y gadair ar y Maes, 1989.

Idris Reynolds, prifardd 1989 yn mwynhau eistedd yng nghadair Huw yn ei gartref ym Mrynhoffnant.

Huw, Ann a Mrs Bowyer yn mwynhau'r cymdeithasu yn un o'r pebyll ar Faes Eisteddfod 1989.

Huw yn hogi lli gan ddefnyddio gefail bren o'i waith ei hun.

Dau gwpwrdd cornel o waith Huw sydd i'w gweld yn ardal Sbyty o hyd: Hafod Ifan (uchod) a Pennant.

Criw y topiau fyddai'n cyfarfod ym maes parcio Stryd Watling ar fore Sadwrn – Aerwyn Beattie, Tom Ellis, Robin Ellis, Trefor Jones a Huw, Rhagfyr 1989.

Pi yn codi hwyl, O.M. Roberts yn llywyddu a Huw newydd ddarllen ei englynion yn Llanrwst yn dilyn cadeirio Myrddin, 1990.

Huw a Merêd Hafod Ifan ar ddiwrnod sioe ar Gae Bod Ifan.

Huw yn darllen ei gyfarchiad.

Hen ddesg ym Mhennant – un o'r dodrefnau cyntaf a luniwyd gan Huw.

Ysgrifau

Yr Olygfa o Ben y Cefn

Hoffedd y Cymry gynt oedd defnyddio enwau aelodau'r corff yn rhannau o enwau lleoedd. Rhoddir rhyw syniad i ni am leoliad lleoedd mewn termau y gallwn eu hamgyffred, fel Braich y Pwll, Troed yr Allt, Penmachno a Chefn y Bedd. Lle felly ydyw Pen y Cefn, y lle uchaf ar y gefnen.

    Tybiais pan yn ieuanc nad oedd ond un Pen y Cefn, nid felly y mae, clywais am rai eraill, gwelais rai ohonynt a darllenais:-

> 'Nid am fod haen o niwl ar Ben y Cefn
> yn esgus fod yr eira cyn ei bryd.'

Ond nid Parry-Williams yw'r unig fardd a ganodd i'w Ben y Cefn ychwaith. Ped elai gŵr i fan neilltuol am y tro cyntaf, mae'r olygfa a wêl, neu'r profiad a deimlai yn aros yn ddwfn iawn yn ei feddwl.

    Cofiaf i minnau fyned i Ben y Cefn, nis gwn a'i dyma'r tro cyntaf, ond mae'r olygfa a welais a'r profiadau a deimlais yn aros yn glir iawn.

    Ar fin nos o haf, tua'i ddiwedd y cofiaf i'r olygfa oddi yno – yr oedd y mynyddoedd yn fawreddog, yn dawel ac wedi eu gwisgo â phorffor fel y gweddai i dras aruchel, fel bonedd Rhufain gynt yn nydd eu gogoniant. Ni wyddwn enwau'r mynyddoedd hyn. Suddai'r haul y tu hwnt iddynt yn goelcerth gron, danbaid gan wasgar holl liwiau hudolus yr enfys dros ddaear a nen; tybiwn pe bawn ar ben y mynydd pellaf, y gallwn losgi fy mysedd yn ei gochni rhyfedd. Ymgasglai niwlen las fel cwrlid dros y dyffrynnoedd rhyngof a'r mynyddoedd. Ni wyddwn pa bentrefi, na threfi lochesai yng nghysgodion y dyffrynnoedd hyn. Nid oedd cydnabod i mi ychwaith hyd y gwypwn, yn byw ynddynt. Rhyfeddais at brydferthwch y lliwiau, harddwch ysgythrog y mynyddoedd creigiog, mwynder amlinell gorwelion y llethrau llyfn a gwelais ogoniant a harddwch fy ngwlad fy hun yn ddistaw a heb yn wybod. Wyddwn i ddim mai Cymru oedd fy ngwlad. Yn ôl llyfr hanes yr ysgol, nid Cymru oedd yn rheoli'r tonnau, ac i ogoniannau rhyw ymerodraeth, sigledig, bell, yr oedd pawb a phopeth yn ddarostyngedig. A minnau heb wybod enwau fy mynyddoedd na pha fath bobl oedd yn byw yn y cymoedd unig rhwng copaon y bryniau agosaf.

Ar Ben y Cefn y datguddiwyd i mi bosibiliadau llinell a lliw, er na ddatblygodd hynny ymhellach na rhyfeddu at ogoniant lliwiau a llinellau o waith eraill.

Onid yno y breuddwydiais fod pobl ddieithr i mi, o bob math yn newydd a rhyfedd, o dan y niwlen las ordoai'r cymoedd pell, ac o dan y caddug llwyd a guddiai'r dyffryn bras. Gwerin yn symud a bod, nad oedd i mi adnabyddiaeth ohoni. Gwerin yr oeddwn fy hunan yn rhan ohoni â rhyw syniad annelwig yn fy meddwl fod arall tebyg i mi, o ryw fryn cyffelyb yn breuddwydio ac yn synied yr un pethau.

'Roedd yno flas y cynfyd yn aros fel hen win,' medd Bardd yr Haf. Ar ôl hyn y clywais i am 'Yr Wyddfa a'i chriw', Carnedd y Filiast, Y Gylchedd a'r Garn, Hiraethog a'i Fwdwl Eithin, Yr Arenig Fach a'r Fawr, Y Migneint a Mynydd Nodol nas gwn yn iawn a'i dyma'r ffordd i'w sillafu ac yn wir nis gwn ei ystyr.

Ni wyddwn i am Gapten Prys o Blas Iolyn, Siôn Wynne o Wydir, John Thomas, Pentrefoelas na Ieuan Glan Geirionydd – eu hardaloedd hwy a welir o Ben y Cefn. Pan glywais amdanynt, yr oedd rhyw gysylltiad rhyngddynt i gyd â Phen y Cefn ac â minnau. Oddi yno hyd yn oed heddiw y gwelaf y Capten yn dychwelyd o fordaith reibiol, yn llwythog o aur a sidanau a pherlau. Oddi yno y gwelaf Siôn Wynne o dan y caddug llwyd yn cynllwynio'n hir ei ddichellion twyllodrus. Mae'r emynydd o Bentrefoelas yn dwyn rhyw ddarlun o hedd a thawelwch i ni, fel min nos yn niwedd haf. 'Fel ffrwythlon bren afalau'n rhagori ar brennau'r ardd.' Ac oddi yno trwy'r niwlen las yn un o'r cymoedd unig gwelaf Ieuan Glan Geirionydd yn cael ei ffordd i osgoi'r 'Iorddonen ddofn'.

Dyna'r olygfa o Ben y Cefn, y llecyn rhwng y cymoedd unig, rhwng Cwm Eidda a Chwm Gylchedd, rhwng Mwdwl Eithin a'r Migneint, rhwng mynydd a môr. Rhwng nefoedd a daear.

Mêr esgyrn iaith

Fel cenedl y mae gennym gyfoeth o ddywediadau fel 'Berwi dŵr a'i daflu allan' a 'Chneifio gath at ei chynffon' a'u tebyg. Y rhain sy'n cyfoethogi iaith ac yn ei gwneud yn llawer mwy lliwgar a byw.

I'r rhai ohonoch sydd wedi prynu a darllen *Idiomau Cymraeg*, R.E. Jones, Llanrwst, fe welwch pa mor dlawd yr ydym erbyn heddiw.

'Does neb yn llunio dywediadau o'r fath erbyn hyn, ac yn ein tlodi yr ydym yn prysur anghofio y rhai sydd gennym, y mae cyflawnder ohonynt ymhob ardal ond chwilio amdanynt.

Dyma englyn a wnaeth R.E. Jones i'r Idiomau:

Rhoddant i gerdd a rhyddiaith – ias a gwefr
    Ac i sgwrs rhônt afiaith,
  Cyhyrau lliwgar araith
  Gwerin ŷnt – mêr esgyrn iaith.

Fe hoffem gael rhai i'w cyhoeddi yn yr *Odyn* o dro i dro. Prin y gallwn lunio rhai newydd mae'n debyg am ein bod yn rhyw fath o genedl ddwyieithog, ond nid oes dim o'i le mewn atgyfodi yr hen rai ac ymwrthod a'r idiomau estron sy'n frith trwy'n iaith, hyd yn oed yn yr ardaloedd mwyaf gwledig.

Casglwyd rhai gan y diweddar Einion Jones, Cerrigelltgwm ac er mwyn rhoi pethau ar y gweill cyhoeddwn rai ohonynt yn awr ac yn y man gan ddisgwyl y bydd hynny yn eich symbylu chwi ddarllenwyr *Yr Odyn* i anfon rhai i mewn hefyd.

Dywediadau Ardal Ysbyty Ifan

Yn ardal Ysbyty Ifan y clywir y dywediadau hyn, er y gallai fod rhai ohonynt yn gyffredin i ardaloedd eraill yn Uwchaled, ac efallai ambell un mewn cylch eangach, ond ymdrechais ymwrthod a rhai all fod yn gyffredinol fel 'Eira Mân, Eira Mawr', 'Os cân y gog ar bren llwm, gwerth dy farch a phryn bwn', a llawer o rai eraill.

Rhannaf y dywedidau fel hyn:

1. **Arwyddion Tywydd:**
     a   Glaw
     b) Hindda
     c) Dywediadau eraill a wnelont â thywydd
2. **Dychan**
3. **Doethineb**

Arwyddion Glaw:

Yr haul yn machlud rhwng y gist a'r pared – ei ystyr, yr haul yn mynd o'r golwg tu ôl i gwmwl wrth fachludo.

Arennig Fach yn gwisgo'i chap – yr ystyr, niwl ar ei phen.

Yr afon yn gwaeddi – yr ochor uchaf i bentref Ysbyty Ifan y mae rhaeadr a elwir Llyn yr Argae, ar noswaith dawel yn yr haf, neu ar ôl cyfnod o rew sych, os y bydd sŵn y rhaeadr i'w glywed yn eglur, dyna pryd y dywedir fod yr afon yn 'gwaeddi' – arwydd sicr o law.

Y gylfinir yn chwibanu wrth y tŷ – yn y ffermydd mwyaf mynyddig nid oes coel ar y dywediad yma, ond y mae'n debyg fod y gylfinir yn tynnu ar i lawr o flaen tywydd ystormus, credaf fod y dywediad yn gyffredin yn Uwchaled gan imi glywed am hen gymeriad o Lanfihangel G.M. a fyddai'n taflu cerrig at y gylfinir os y deuai'n agos i'r tŷ ar gynhaeaf gwair.

Pyst dan yr haul.

Arwyddion Hindda:

Clôs Gwyddel – llain o awyr las i gyfeiriad y gwynt yw 'clôs Gwyddel'. Y mae'n debyg y gwisgai rhai o'r Gwyddyl a basiai drwy'r ardal glôs glas, ac mai felly y caed y gymhariaeth.

Taranau'n rhedeg ar hyd Hiraethog – gan hen wraig dros ei phedwar ugain y clywais y dywediad, y mae'r un peth yn wir am gawodydd yn rhedeg hyd Hiraethog – mae'r ddau'n arwyddion gobeithiol.

Gwawn ar dir mynydd.

Y gwlith yn ddagrau ar y gweiriau.

Ewyn yn dyrrau ar yr afon ar ôl lli.

Dywediadau eraill a wnelont â thywydd:

Cywion haul – rhyw heulen yn rhedeg yw 'cyw haul'. Os yn y bore nid ydynt arwydd dda ond tua adeg y machlud arwydd hindda.

Sychu mor Cambric – credaf mai rhyw ddefnydd ysgafn fel sidan, a gynhyrchid yn Iwerddon yw cambric. Sychu'n sâl yw'r pwynt.

Yr haul yn gwneud llygad mochyn – llygaid bach pell yn ei ben sydd i fochyn, ac anodd eu gweld, yr haul yn darnguddio yw ystyr yr ymadrodd.

Cylch ymhell, glaw yn agos.

Cylch yn agos, glaw ymhell – y cylch a welir am y lleuad.

Gwrtaith mynydd, eira'r gwanwyn – fel y gwyddys, y mae eira'n tynnu huddygl o'r awyr, ac i ryw fesur y mae'n wrtaith. Ond tebycach gyda'r dywediad yma, mai am fod ceunen o eira'n cadw gwres yn y ddaear, ac yn help i'r tyfiant ddechrau tyfu, y mae'n wrtaith.

Dychan:

Gŵr brigog – ystyr hwn yw gŵr penuchel â gormod o feddwl ohono'i hun. Clywais ddau ddyn yn ffraeo, 'Rwyt ti'n mynd yn ŵr brigog ond wyt ti,' meddai un wrth y llall, credaf ei fod yn ymadrodd cyfoethog.

Wedi cneifio cynffon ei gi – yr ystyr yw wedi gwneud rhywbeth amlwg ffôl, a pheri sôn amdano.

Wedi cael tolc yn ei het – rhywbeth wedi digwydd i'w dynnu oddi ar y pinacl.

Twll yn y fasged – mae hyn yn digwydd pan fo un wedi gorfod talu rhyw ofynion ariannol fel talu'r rhent. Clywais un yn dweud 'mi fydd yna andros o dwll yn y fasged ar ôl heddiw'.

Wedi cael y gath â'r ddwy gynffon – ystyr hyn yw wedi cael y fam-yng-nghyfraith gyda'r ferch.

Wedi dod drwy'r goler – coler ceffyl yw'r goler yma, ac fel y gwyddys pwyso ar y goler y bydd y ceffyl wrth dynnu mewn gwaith, yr awgrym yw fod y ceffyl yn fain, a'r goler yn rhy fawr, a'i fod wedi dod trwyddi. Arferir am rhywun wedi cael sac o waith, neu wedi gorfod rhoi'r gorau i ffermio, neu rhyw alwedigaeth arall.

Yn wastad fel rhech ar drinsiwr – ystyr gwastad yma yw *sedate* yn Saesneg, arferir y dywediad am ymddygiad rhodresgar, pigfain. Offer oedd y trinsiwr i ddal bara ceirch cyn eu crasu, ei wyneb yn grwn a llyfn fel radell, a gwaelod i'w godi ychydig uwchlaw lefel y bwrdd. Er fod y gymhariaeth yma ychydig yn fras, y mae'n cyfleu y dirmyg at ymddygiad o'r fath yn finiog. Golyga roi lle amlwg i rywbeth cwbl ddirmygus.

Fel iâr wedi'i golchi – lliprinaidd.

Hen gribin – defnyddir am un cybyddlyd, yn ceisio crafu pob peth iddo'i hun.

Iâr uncyw – gwraig â dim ond un plentyn ganddi, ac yn dueddol i wneud gormod ohono, a sôn llawer amdano.

Yn caru'n nhraed eu sane – dau'n byw yn yr un tŷ, ac yn gariadon.

Oes rhywun wedi bwyta dy gaws di? – gofynnir i un a fo'n edrych yn benisel a digalon, heb reswm am hynny, ac i bobl ifainc y mae'n gyfystyr â 'Oes rhywun wedi dwyn dy gariad?'

Fel malwen mewn tar – anghyffredin o araf a di-ffrwt.

Y wraig yn gwisgo'r clôs – heddiw byddai'n y ffasiwn; ond ystyr yr hen ddywediad yw y wraig yn busnesa efo gwaith allan y fferm, ac yn troi'r gŵr yn was bach iddi.

Dal y dydd gerfydd ei gynffon – golyga fod heb drefn ar waith, ac o'r herwydd yn gorfod mynd yn brysur at y nos.

Rhywbeth yn peri i bob ci lyfu'r pentan – defnyddir amlaf pan welir gŵr heddiw, neu ŵr di-briod, yn mynychu tŷ gwraig weddw, neu ferch ddi-briod – yr awgrym yw fod yno garwriaeth.

Berwi dŵr a'i daflu allan – defnyddir pan fo un yn brysur efo gwaith nad yw yn dod a dim elw iddo.

Codi'r ci dros y gamfa – 'talu yn ôl ei gwein' yw'r peth nesaf iddo. Rhywun wedi gwneud tro budr efo chi, a chwithau'n gwneud tro tebyg efo yntau mewn ffordd na fydd ganddo amheuaeth pam yr ydych yn gwneud. Ffordd gwladwr o ddysgu moes i un di-foes.

Y Bwrdd Bwyd yn Ysbyty Ifan

Fûm i erioed yn bwyta llymru, na brwchan ychwaith, ond mi glywais amdanynt, a bron na fyddwn i'n sicrhau fod yna fara ceirch yn eu gwneuthuriad yn rhywle. Yr oedd hwnnw yn ddefnydd cyffredin iawn mewn bwydydd o'r fath. Deuai'r blawd ceirch o'r felin ac fe'i pobid yn dorthau a'i rowlio yn denau a'i grasu ar y radell. Byddid yn gwneud dau fath, bara ceirch tenau i'w ddefnyddio ar frechdanau a bara ceirch tew hefo llai o fraster ynddo, i'w ddefnyddio wedi ei falu'n fân hefo rholbren bara ceirch, i'w roi mewn siot a brwes.

Yr oedd yna wahanol fathau o siot:
Siot lefrith: Fel hefo'r siot oer, ond rhoddir llefrith cynnes ar ben y bara ceirch.
Siot laeth enwyn: Yr un fath â'r lleill ond llaeth enwyn oer ar ei ben a gadael iddo sefyll am awr neu ddwy.
Siot bosel: Yr oedd yna ddau fath o siot bosel. Tywelltir llefrith poeth ar ben y bara ceirch a rhoi trochiad o laeth enwyn oer yn ei lygad, byddai hwnnw wedyn yn torri ac yn mynd yn loywon ar y top. Dywedir fod gloywon llaeth enwyn, sef y llaeth tenau dyfrllyd fydd yn aros ar y top pan fydd llaeth enwyn wedi ei adael i sefyll am dipyn yn beth iachusol iawn.

Siot bosel i rai, oedd llaeth enwyn poeth wedi ei dywallt ar y bara ceirch.

Mae'n rhaid dweud fod yna ddigon o amrywiaeth o'r un peth. 'Beth wyt ti'n gael i fwyta yna?' gofynnai'r fam i'w mab oedd wedi mynd yn was i un o'r ffermydd. 'O! siot' meddai'r llanc. 'Siot i frecwast,' 'Siot i ginio,' 'Siot i de,' 'a siot ddiawl i swper'.

Brwes neu brywes: Malu rhyw dri chwarter llond bowlen o fara i fowlen a rhoi haen denau o grafion toddion cig eidion ar ei wyneb, ychwanegu rhyw hanner modfedd neu lai o fara ceirch wedi ei falu drosto a rhagor o'r crafion toddion ar ben hwnnw wedyn. Tywallt potes cig eidion poeth arno nes byddai'r toddion wedi toddi drwyddo a gadael iddo fwydo am ychydig. Defnyddid cigoedd eraill i'r un diben ond cyfrifid cig eidion yn amgenach nag unrhyw gig arall.

Brwes menyn: Yr un fath â'r brwes arall ond rhoi menyn yn lle'r toddion cig, a dŵr poeth arno yn hytrach na photes.

Brwes pig tegell: Yr un peth oedd hwn ond heb na thoddion cig na photes ar ei gyfyl, dim ond dŵr berwedig o'r tegell.

Potes cig: Malu bara yn dalpiau i'r fowlen a thywallt potes poeth ar ei ben. Byddai darnau o gig yn gymysg â'r potes yn aml a chyflawnder o lygadau gloywon ar ei wyneb.

Potes dall: Câi sosbenaid neu grochenaid mawr o botes ei wneud a pharhâi am fwy nag un pryd. Câi ei ail ferwi fwy nag unwaith ac er mwyn ymestyn tipyn arno pan fyddai'n prinhau yn y crochan, fe ychwanegid dŵr ato. Roedd hynny yn cael ei wneud o ormodedd ambell dro ac fe âi mor denau yn y diwedd fel mai prin iawn y gwelech lygadau gloywon ynddo o gwbl. Dyna a'i gwnâi yn botes dall.

Potes menyn: Dim ond bara wedi ei falu'n dalpiau a thipyn o fenyn ar ei ben a dŵr poeth i'w doddi.

Pastai: Tostio clwt o fara a'i falu'n ddarnau i fowlen a llaeth enwyn oer arno a'i adael i sefyll am dipyn. Ambell dro byddent yn mynd ag o hefo nhw i'r cae gwair mewn tun ac os byddai dŵr yn rhedeg mewn ffos neu nant yn ymyl, fe'i rhoddid i sefyll yn y dŵr i'w oeri. Os na fyddai yna nant gofelid am ei roi yng nghysgod clawdd yn rhywle o olwg yr haul a sypyn o laswellt drosto.

Bara llaeth: Malu bara i'r fowlen a llaeth ar ei ben a gadael iddo sefyll. Byddai rhai yn taenu ychydig o siwgwr ar ei ben.

Bara llefrith: Yr un fath â'r bara llaeth ond fod y llefrith wedi ei dwymo a rhyw binsiad o halen wedi'i ychwanegu ato. Rhoddai rai siwgwr ar hwn hefyd.

Bara llefrith hadau carwe: Doedd hwn ddim gwahanol ond rhoi hadau carwe hefo'r bara yn y sosban a'r llefrith ar ei ben a'i dwymo nes y byddai blas y carwe wedi treiddio drwy'r cwbl.

Tost Capel Garmon: Pan fyddai brechdanau wedi eu gadael o'r pryd cynt, a rhag iddynt fynd yn ofer, byddent yn eu tostio neu weithiau eu crasu yn y popty. Ambell dro byddai rhai oedd yn mynd allan i weithio yn mynd â thuniad o fwyd hefo nhw i'r gwaith, a heb fwyta'r brechdanau i gyd, yn dod â nhw adre hefo nhw a châi'r rheini eu tostio o flaen y tân neu eu crasu yr un fel.

Brechdan bioden: Tafell o fara gwyn a menyn arno a thafell o dorth goch (torth frown ydi hi erbyn heddiw) a menyn arno wedi eu rhoi ar ei gilydd. Gallasai'r dorth fach fod yn fara rhyg hefyd neu haidd neu wenith cyflawn. Bara rhyg oedd y tywyllaf a'r sychaf hefyd am wn i. Weithiau byddai ychwanegu bara ceirch rhyngddynt.

Brechdan wynt: Brechdan heb ddim arni ond ymenyn. Mae'n debyg fod yr enw yn rhoi rhyw syniad eich bod yn cael rhyw frechdan arbennig er nad oedd enllyn arni o gwbl. Heblaw hynny, bara a chaws oedd y drefn; gwastraffu enllyn oedd rhoi bara a menyn a chaws neu rywbeth arall.

Maidd ŵy neu faidd yr iâr: Yr un fath â'r bara llefrith ond byddai ŵy wedi gnocio a dipyn o siwgwr hefo'r llefrith ac ambell dro byddid yn ychwanegu sunsur ato.

Pwdin maidd llo bach neu bwdin llaeth llo bach: Byddai buwch newydd ddod â llo yn cael ei godro'n lân, ac yna fe ddefnyddid y godriad nesaf o laeth melyn i wneud pwdin llaeth llo bach. Byddai'n ceulo fel 'junket' wrth ei dwymo fel y gallech ei dorri'n dafelli. Ychwanegid cyrens ato ambell dro.

Tatws llaeth: Berwi tatws fel arfer a'u rhoi mewn bowlen a thywallt llaeth enwyn oer arnynt.

Glasdwr: Yn hytrach nag yfed llaeth enwyn fel yr oedd, ychwanegid dŵr ato. Byddai'n amgenach i dorri syched, medde nhw, ar gynhaeaf gwair poeth. Rhyw hanner a hanner fyddai o laeth a dŵr. Yr oedd yn llai tebygol i'r yfwr beidio mynd i deimlo'n llawn a thrymllyd nag wrth yfed llaeth enwyn heb ddŵr arno.

Uwd rhynion: Rhynion oedd y ceirch fyddai wedi bod yn yr odyn yn crasu ond heb fynd i'r felin i'w falu. Byddai'n cael ei silio, sef tynnu'r eisin sil oddi ar y bywyn ceirch. Roedd yna beiriant silio at y gwaith gan y melinydd. Y ceirch noeth heb yr eisin oedd y rhynion a hwnnw a ddefnyddid i wneud uwd rhynion cyn sôn am Scott's Porridge Oats na Quaker Oats ychwaith.

'Dyned: Tra rwy'n sôn am odyn a melin, gwell sôn am y 'dyned. Talfyriad o 'odynaid' ydi o ac nid rhywbeth i'w fwyta. Mesur oedd odynaid, a fyddai amaethwr yn ei gario i'w grasu yn yr odyn. Byddai'r mesur yn wahanol mewn gwahanol felinau. Yn Ysbyty Ifan, un hobed ar bymtheg oedd 'dyned yr odyn. Yr oedd tri pheciad yn gwneud hobed. Yr un oedd maint y swm er y gwahaniaeth mewn pwysau, gan fod pecaid o haidd yn llawer trymach na phecaid o geirch. Dafydd Dafis 'Rafan Bach yw'r unig un rwyf i'n ei gofio yn graswr yn yr odyn, a byddai ganddo glwt o raw bren fawr i droi a symud y grawn yn ôl yr angen ar lofft yr odyn.

Lobscows troednoeth: Defnyddid cig a llysiau fel arfer i'w wneud ond os y byddai wedi ei wneud heb gig fe'i gelwid yn lobscows troednoeth ac oherwydd hynny radd neu ddwy yn is ei safon na'r lobscows arferol.

Bara ddiod: Rhywbeth ar gyfer cryfhau merched wedi esgor oedd hwn. Fel y gellid disgwyl, yr oedd rhywbeth yn ddirgelaidd ynddo. Yn rhannol mae'n debyg, oherwydd yr amgylchiad, ond hefyd yr oedd rhaid cael cwrw o'r dafarn i'w wneud, ac yr oedd mynd i dafarn i brynu cwrw i'r mwyafrif yn yr oes honno, hyd yn oed os y byddai yn wir angenrheidiol, yn anathema. Wn i ddim sut yr oeddynt yn ei wneud na dim, ond y mae'n amlwg fod bara ynddo a bod cwrw ynddo, ac mae'n rhaid ei fod yn gwneud rhyw les iddynt.

Llefrith: Yr oedd yna dri math o lefrith neu dair gradd efallai yn gywirach. Y blaenion oedd y llefrith a ddeuai'n gynta' o bwrs y fuwch a hwn oedd y llefrith gwanaf neu'r teneuaf. Hwn a ddefnyddid i fwydo lloua bach ac i'w ddefnyddio yn y tŷ at ddibenion bob dydd. Wedyn fe ddeuai'r armel, a chyfrifid hwn yn llawer gwell a mwy hufennog, ac yna byddent yn mynd at bob buwch ar y diwedd ar ôl ei godro i dicial, sef i odro'r diferion olaf o'r pyrsau a hwnnw fyddai'r llefrith gorau. Yr armel a'r ticial a fyddent yn ei gadw i'w gorddi a gwneud menyn. Roedden nhw'n gwybod yn eitha da be roedden nhw'n ei wneud.

Bara dysgl: 'Turkey pie' y Saeson.

Cig: Byddent yn lladd anifail a'i halltu i bara dros y gaeaf ac ychydig o gig ffres oedd ar gael tra byddai hwnnw. Lleddid buwch ar rai ffermydd a defnyddid pob darn ohoni at rhywbeth neu'i gilydd, hyd yn oed i wneud canhwyllau hefo'r gwêr. Lladdent foch hefyd wrth gwrs a'u halltu a byddai ambell i hen fochyn yn dal i gael ei fwyta yng nghanol gwres yr haf ac Awst pryfetog nes y byddai wedi mynd yn felyn. Damia fo! Prynent focsiad o benwaig wedi eu halltu, gan rhywrai a ddeuai o Nefyn a Chonwy. Deuai rhywrai o Nefyn hefyd i werthu pennog ffres gan weiddi'n uchel dros y llan 'Pennog Nefyn, pennog ffres!'

Byddai'r pennog wedi ei halltu yn fwyd cyffredin ar ganol cynhaeaf gwair efallai, a hithau'n boeth a'r syched yn fawr ar ôl yr holl heli. Y mae sôn am Bob Jones Dafis, a oedd yn enwog am ei sylwadau cyrhaeddgar yn cydio yng nghynffon y penogyn hallt a'i godi oddi ar ei blât a'i ddal ar ei ben yn y jwg llaeth gan gymell 'y diawl' i yfed hynny fedrai rŵan, rhag i Bob orfod cario iddo drwy'r pnawn. Y mae amryw o straeon amdano yn dal ar gof yn yr ardal. Mab oedd i Dafydd Dafis 'Rafan Bach, y craswr yn yr odyn. Symudodd o'r ardal ymhen dipyn ac y mae hanes amdano yn agor beddau ym Metws-y-coed. Rhywsut neu'i gilydd agorodd Bob fedd yn y lle anghywir yn y fynwent. 'Beth wnawn ni?' gofynnai'r Person. Doedd hi'n broblem yn y byd i Bob. 'Wn i'm duwch, ond mi ellwch roi 'To Let arno'.

O'r gwahanol gigoedd oedd i'w gael, doedd yna ddim byd yn well na chig molltyn, ond does yna fawr o gadw myllt erbyn heddiw. Oen gwryw wedi torri arno ydyw molltyn, ac wedi mynd yn dair oed ac wedi bod yn pori ar y mynydd drwy'r hafau roedd hynny yn bwysig iawn i gael y blas gorau arno. Mi fyddai yna werthiant mawr arno heddiw a phris uchel rwy'n siŵr petae pobl yn dod i wybod amdano.

Menyn: Yr oedd yna wahaniaeth mawr rhwng menyn gwahanol ffermydd, a phobl y ffair yn heidio am fenyn ambell fferm. Byddai rhai gwragedd a morynion yn fwy ffwrdd-â-hi a doedd eu menyn o'r herwydd ddim cystal. Dibynnai hefyd ar y caeau y byddai'r gwartheg yn pori arnynt; byddai deiliach mewn ambell gae a roddai flas annymunol ar y menyn. Yr oedd menyn llawr gwlad yn gryfach ei liw a'i flas na menyn y topia. O ran blas ac ansawdd, nid oedd menyn tebyg yn unman i'r menyn a geir pan fyddai'r gwartheg yn pori yn Ffridd Llech rhwng Eidda a Phen Llech, ac roedd modryb Eidda yn bencampwraig ar ei wneud. Dyna'r menyn perffaith.

Byddai lliw golau, bron yn wyn ar y menyn pan fyddai'r gwartheg i mewn dros y gaeaf. Weithiau mi fyddai'n cymryd mwy o amser i gael digon o lefrith i wneud corddiad, a'r amser honno ni fyddai blas 'hir hel' yn mynd arno. Unwaith yr elai'r gwartheg allan byddai'r menyn yn cryfhau i'w liw naturiol ac amgenach blas yn dod arno hefyd. Os byddai'r menyn yn wyn iawn cyn i'r gwartheg fynd allan, fe ychwanegid lliw ato i'w wneud yn fwy derbyniol hyd yn oed yr adeg honno. Ychwanegid pinsiad o 'salt petri' ato hefyd ambell dro er mwyn iddo gadw'n well.

Os na fyddai'r sawl a wnâi y menyn wedi curo digon arno a thrin digon arno hefo'r treinsiwr i gael y llaeth allan ohono'n llwyr, byddai blas drwg arno fel petae'r llaeth oedd yn dal ynddo yn mynd yn sur. Cofiaf bwys o fenyn yn swllt a hyd yn oed yn un geiniog ar ddeg (o'r hen arian). Aem hefo'n tuniau yn blant i'w nôl i'r ffermydd. Pwrpas y tuniau oedd i ddal llaeth enwyn a gaem am geiniog yn ychwanegol, yna rhoddid y pwys menyn ynddo i nofio ar yr wyneb. Yr oedd gan rai duniau llaeth pwrpasol yn dal tua hanner galwyn, a handlen bwrpasol o wifren a phren. I'r rhai tlotaf ohonom, hen duniau fferins *Red Rose* o'r siop fyddai'n gorfod gwneud y tro. Roedd rheini hefyd yn dal tua hanner galwyn ond dim ond gwifren fain oedd yr handlen a byddai honno wedi sincio i gnawd meddal ein dwylo erbyn cyrraedd adre.

Menyn glas: Menyn heb halen ynddo.
Menyn pot: Byddai hwn yn cael ei wneud pan fyddai

cyflawnder o lefrith, cyn i'r gwartheg fynd i mewn er mwyn ei gael ym mhrinder y gaeaf. Rhaid oedd bod yn ofalus iawn wrth wneud y menyn pot neu ni fyddai'n cadw. Blas cryf oedd arno p'run bynnag waeth pa mor ofalus a fyddai'r sawl a'i gwnâi.

Deuai rhywun o gwmpas i werthu potiau llaeth neu botiau menyn. Credaf mai o ochr Bwcle yng Nghlwyd y deuent. Rhai clai coch oeddynt o wahanol faintioli a chantal o gylch y top o liw brownddu, tywyll sgleiniog, a'r lliw hwnnw'n ymestyn i lawr ochrau'r pot am rhyw bedair neu bum modfedd. Deuai Morus Gruffydd o Benmachno hefyd i werthu potiau llaeth. Byddai'n mynd hefo'i drol i Fwcle i brynu llwyth. I gadw llaeth yn y potiau fe roddid llechen wedi ei thorri'n gron i ffitio ar y top rhag i bryfaid a llwch fynd i'r llaeth, ac er hwylustod i'w symud i fynd at y llaeth, byddai rhai yn rhoi rhyw fath o handlen bren wrth y llechen.

Yr oedd yna amryw o goelion yn gysylltiedig a gwneud y menyn pot. Nid oedd yn beth da, medde nhw, i ddynes a gwallt coch ei wneud, neu hyd yn oed un a natur cringoch ynddi, ni fyddai'r menyn yn codi ar ôl honno, waeth faint o 'salt petri' a roid ynddo. Mae'r peth yn anghredadwy bron, ond braidd yn fwy rhyfeddol ydi dweud, na chadwai'r menyn chwaith os byddai dynes yn ei wneud a hithau'n amser drwg ar y mis arni; mae'n berffaith wir, medde nhw. Yr oedd yr un peth yn wir am halltu mochyn ac ychwanegid fod yn rhaid i iau'r ddynes a fyddai'n gwneud y menyn pot neu yn halltu mochyn fod yn berffaith iach. Os oedd ganddi iau wen (beth bynnag oedd hwnnw) byddai wedi darfod ar y menyn a'r mochyn i gadw dim.

Yr oedd yna rai lleoedd gwell na'i gilydd hyd yn oed ar yr amseroedd caletaf, ond mi wellodd pethau yn gyffredinol yng nghanol y tridegau er i rai ddal yn gyndyn at yr hen drefn am beth amser wedyn.

Os nad oedd y bwydydd yn amrywio llawer o ddydd i ddydd, yr oedd yn ddigon maethlon ac yn sicr yr oedd pobl yn gryfach yn y dyddiau rheini, neu mi roedd caledwaith dygn yn eu cryfhau.

Blinai ambell un mae'n wir ar y drefn fel y gwas hwnnw (mae o'n fyw o hyd) a gafodd ddigon ar bwdin maidd llo bach bob dydd am gyfnod hir, nes yn y diwedd iddo ddod i ben ei dennyn, cafodd lygoden bach wedi marw yn y gadlas a'i rhoi yn ei boced yn barod at yr amser y byddai yn mynd i'r llaethdy i gorddi, ac yno y cedwid y pwdin maidd llo bach. Daeth yr awr, ac fe stwffiodd y llygoden farw i'r pwdin a gadael ei thraed ôl yn y golwg yn sticio'i fyny fel periscops. Cyhoeddodd y ffaith drist wrth wraig y tŷ, ac wrth gwrs bu'n rhaid taflu'r pwdin i'r moch. Dyna un ffordd ddigon gwreiddiol o newid y deiet.

Y Saer Gwlad a'i Gymdeithas

Mae'r gyfrol *Calon Gron a Thraed Cathod* gan Huw yn ddarn o gelfyddyd nas gwelwyd erioed o'r blaen yn y Gymraeg. Yn hon, mae crefft geiriau, crefft trin pren a chrefft tynnu llun yn dod yn un a'r hyn gawn yw manylder eithriadol wrth ddisgrifio hanfodion gwaith saer gwlad, ond hefyd crebwyll y bardd wrth roi profiadau ehangach a dyfnach yn ei sylwadau.

Enillodd y wobr gyntaf yn Eisteddfod Genedlaethol Dyffryn Conwy 1989. Dyna'r tro cyntaf i saer cadair y Genedlaethol gipio wobr lenyddol yn yr un Eisteddfod! Meddai'r diweddar John Owen Huws, y beirniad, am y gwaith:

> 'Nid llyfr o wybodaeth yn unig mo hwn, mae hefyd yn ddarn o lenyddiaeth ac yn fy atgoffa dro ar ôl tro o weithiau megis *Pigau'r Sêr* a *Maes Mihangel*. Wrth ddarllen y gwaith hwn, mi wnes ryfeddu, tristáu, chwerthin . . . a mwynhau. Rhyfeddu at ei wybodaeth a'i eirfa; tristáu o feddwl cymaint aeth i ddifancoll: chwerthin am rai o'i straeon a mwynhau'r cyfan fel cyfrol a gynlluniwyd ac a sgrifennwyd yn ofalus . . . Ceir yma benodau cyflawn ar waith tymhorol y saer, o dorri coed i wneud eirch; o wneud troliau i wneud cribiniau ac y mae'r cyfan yn hynod ddarllenadwy.'

Anodd dyfynnu o'r gyfrol heb ei chynnwys i gyd, ond dyma dair pennod, gan ddechrau gyda'r englyn a gyfansoddodd iddo'i hun wrth ystyried ei waith fel saer gwlad:

> Un o'r rhai sy' mhell ar ôl – wyf i'r oes
>   Frysiog, gyfalafol,
> Ac i'w ffyrdd galluog, ffôl,
> Rhy hen a rhy wahanol.

Torri Cripiad

Torri cripiad fyddai'r tröwr a'i aradr a'i wedd yn ei wneud, i farcio lled y dalar – torri cwys denau heb fawr o ddyfnder ynddi, er mwyn gwybod ymhle i gychwyn a gorffen cwysi'r cefn. Torrai gripiad wedyn yn denau ac unionsyth ar hyd y cefn oedd i'w droi. Nid oedd wiw i'r cripiad fod yn drwchus neu byddai'r cwysi a gâi eu troi arno o bobtu, yn sefyll yn benuchel a blêr.

A rhyw dorri cripiad ydi'r rhagair yma i'r penodau sy'n dilyn gan obeithio gallu cyrraedd hyd at garthu'r rhych ar y diwedd yn weddol daclus.

Saif Ysbyty Ifan ymhen uchaf Dyffryn Conwy, a'r afon honno yn rhedeg drwy'i ganol i'w rannu'n ddau blwy – yr hen sir Ddinbych ar y naill ochr a'r hen sir Gaernarfon ar y llall. O'r tu cefn y mae mynydd y Migneint, a therfyn yr hen sir Feirionnydd o fewn rhyw bum milltir i'r llan.

Y mae rhyw hud hynafol yn perthyn i'r lle. Yn Gymraeg y mae'r bobl yn byw yma, er bod ambell estron yn ymwthio i'n plith erbyn hyn, fel y mae mwya'r cywilydd. Cymro neu Gymraes yw pob plentyn yn yr ysgol ddyddiol. Yn wir, y mae'n lle mor Gymreig fel y byddaf yn gorfod ymbalfalu am eiriau pan ddaw achlysur fod yn rhaid i mi droi i'r iaith fain. Gwell fyth yw'r ffaith na chywilyddiaf ddim oherwydd hynny.

Deil i fod yn ardal fywiog a digon o weithgaredd ynddi, er i'r boblogaeth leihau o ychydig dan fil, ddiwedd y ganrif ddiweddaf, i lai na deugant heddiw.

Wn i ddim ers faint o ganrifoedd y bu yma bentref ond gallaswn feddwl fod yma rhyw fath o sefydliad ers yn gynnar iawn. Dôl Gynfal oedd ei enw ar un amser ac nid cyn y ddeuddegfed ganrif y galwyd y lle yn Ysbyty Ifan pan sefydlodd Urdd Sant Ioan eu canolfan yma i gynorthwyo tlodion a theithwyr ar eu rhawd i Glynnog ac Enlli.

Ar fur yr eglwys a oedd yma o flaen hon yr oedd englyn:

> Cofia'r tlawd, dy frawd di-fri, – gwan eiddil,
>   Gwna iddo dosturi;
> Rho gardod rhag tylodi,
> Diau y tâl Duw i ti.

Mae'r eglwys bresennol o leia'r drydedd yma ers yr amser y sefydlwyd yr ysbyty.

Yr oedd trefn a chyfraith neilltuol yn perthyn i'r lle. Unwaith y cyrhaeddai rhywun o fewn i ffiniau'r plwy, ni allai cyfraith gwlad afael ynddo. Dinas noddfa wironeddol,

> Caled fu ar lawer gŵr
> Nes cyrraedd Pont y Cletwr.

Ar ôl croesi honno byddech yn ddiogel.

O dipyn i beth dirywiodd y drefn ac aeth y lle yn gyrchfan i lofruddion a lladron, aeth torcyfraith yn rhemp. Dywedir nad oedd neb na dim yn ddiogel o fewn cylch o ugain milltir i'r plwy. Dywedir hefyd mai gweddillion byddin Glyndŵr oedd llawer ohonynt. 'Y Nhw' sy'n dweud. Fel y mae'r cyfryngau heddiw yn gallu gwneud môr a mynydd o rhyw fymryn, tebyg oedd gallu Siôn Wyn o Wydir, ger Llanrwst, i bardduo pethau er ei fantais ei hun, a chreu cyfle i gael ei ddwylo main a blewog ar y lle. Dyna fel y mae hi, mae'n debyg, ceir uffernoliaid ym mhob oes.

Ardal amaethyddol oedd hi, ac yn dal i fod, a gweithgareddau cysylltiedig ag amaethyddiaeth oedd prif gynhaliaeth y bobl. Yr oedd yna rai chwarelwyr yn byw yn y llan mor ddiweddar â'r tridegau cynnar. Cofiaf rai ohonynt yn cerdded dros Ben Rhiw'r Saint a'u pecyn o fwyd ar eu cefnau ar gyfer wythnos o fyw yn y barics yn chwareli Rhiw Bach, Rhiw Fachno, Cwt Bugail a'r Oakley yng Nghwm Penmachno a Blaenau Ffestiniog. Milltiroedd o daith. Amlach y cofiaf amdanynt yn dychwelyd ar bnawn Sadwrn, gan y byddent wedi cychwyn cyn bump o'r gloch y bore ar ddydd Llun, ymhell cyn i neb arall feddwl am ystwyrian dim. Byd caled oedd hi arnynt 'does bosib', a hynny am gydnabyddiaeth ddigon bechan.

Mi fuo yma ffatri wlân a phandai, ond yr oedd hynny cyn fy nghof i. Dywedir bod ffatri'r Cletwr wedi mynd hefo'r dŵr tua chan mlynedd yn ôl, pan dorrodd cwmwl ym mynydd y Gylchedd.

Mae'r ardal yn ymestyn dros dri chwm, Cwm Eidda tua'r gogledd-orllewin, Cwm Nanconwy, lle saif y pentref ei hun a Chwm Gylchedd tua'r de-ddwyrain. Yng nghanol y tridegau, pan ddechreuais weithio, yr oedd gwas neu weision yn y mwyafrif o'r ffermydd a morwyn neu forynion mewn rhai. Cynullai'r gweision a meibion y ffermydd i'r llan ar fin nos i sgwrsio a chyfnewid profiadau. Weithiau, torrent allan i ganu wrth dalcen yr efail neu wrth siop y post, rhai ohonynt yn lleiswyr nodedig, yn faswyr a thenoriaid a'u canu yn safonol bob amser. Yr un oedd y caneuon drwy'r blynyddoedd. *Deio bach, Yr eneth gadd ei gwrthod, Myfanwy, Oes gafr eto?* penillion lleol ac emynau. Fel y dynesai Calan Gaeaf a'r dyddiau'n byrhau, a phan fyddai pawb wedi cael yr ŷd, yn hollol ddigymell, deuai rhyw gythreuldeb atom, a chwaraeid y castiau rhyfeddaf yn y llan a'r ffermydd cyfagos. Cyfnewid giatiau gerddi, cyfnewid ieir un fferm â fferm arall. Ambell flwyddyn deuai'r chwiw ryfeddol ynghynt, efallai ar ganol cynhaeaf ŷd a chymerem yn ein pennau i 'fychu'. Rhyw fath o das bigfain oedd 'bwch', gosodid y geifr â'r brig i fyny a'r naill yn cuddio brig y llall a'r rhai uchaf wedi eu rhwymo â rheffyn o'r gwellt, fel y rhedai'r dŵr glaw oddi arnynt yn rhwydd. Cynaeafent beth yn y bwch, ond ni fyddai'r amaethwyr eu hunain yn bychu ond pan fyddai'r tywydd yn ddrwg a'r ŷd heb gynaeafa'n ddigon da i'w gario, ac yr oedd gweld cae wedi ei fychu mewn noson heb ronyn o alw am hynny yn peri digllonedd nid bychan i'r sawl oedd wedi gorfod dioddef y driniaeth. Ar noson cyn y dydd diolchgarwch yn aml, aem i helm ambell ffermwr, oedd yn enwog am fynnu cael ei gynhaeaf o flaen pawb, a chario'r ysgubau ŷd allan i'r cae a'u codi ar eu traed yn rhesi hirion, fel y byddent yn amlwg i'r saint eu gweld wrth ymlwybro tua'r gwasanaeth y bore dilynol. Byddai mwy o riolti wrth ddisgwyl y flwyddyn newydd i mewn.

Darfu'r cymhelri hwnnw cyn diwedd y tridegau, ac erbyn heddiw, 'prin ddau lle'r oedd gynnau gant' yw hi yn hanes y gweision. Darfu hefyd am y tyrchwr, y crydd, y gof a'r melinydd, yr odynwr a'r tafarnwr a'r dyn lladd mochyn, y bwtsiar, y siop ddilladau, a siop y gwyrddlysiau. Un siop heddiw lle'r oedd o leiaf bedair.

'Does yna yr un hen wraig bellach yn gwerthu 'g'nweth' na 'd'mweth' o gyfleth. Dim un cipar i ofalu am fuddiannau'r *lord*, lle byddai wyth neu naw ar un adeg – heb fod yn rhy llwyddiannus bob amser. Na 'run *lord* ychwaith, petae o ryw bwys am hynny. Dim hen wragedd yn cerdded drwy'r llan neu yn straea' ar ben drysau'r tai dan weu eu sanau gwlân llwydion, a'u gweill dur yn clecian ac yn gwibio mor gyflym â'u tafodau. 'Does yna neb yn gwlana; byddai ambell un yn crwydro ochrau'r gwrychoedd ac yn cwmpasu'r perthi i dynnu tusw o wlân fan yma a'r fan draw. Byddent yn lwcus weithiau i gael cnu, gan ambell ffermwr caredig.

Yr oedd yna gydweithio rhwng y saer a'r gof i gylchu olwynion ac i wisgo sgilbrenni, cydweithio rhwng y ffermwyr i ddyrnu'r ŷd, cneifio a golchi defaid. Byddai amryw o'r llan yn cael gosod rhes neu ddwy o datws yn y caeau, yn gyfnewid am ryw ddaliad yn y gwair neu'r ŷd. Yr oedd yna res o erddi ym Muarth Argau ar gyfer gweision Hafod Ifan ac eraill o'r pentre, a gerddi hefyd yng nghornel isa'r Gefnen Wen, ar ffordd y Fron. Wn i ddim ai rhyw arferiad wedi goroesi o amser y rhyfel byd cyntaf oeddynt, neu a fodolent cyn hynny, yr oedd digon o sôn am *allotments* yn y trefydd yn ystod yr ail ryfel. Byddai yna blotiau o erddi yn perthyn i'r ysgol hefyd a'r plant mwyaf yn eu trin a'u plannu. Y sgwlyn a'i deulu am wn i oedd yn bwyta'r cynnyrch – y fo, mae'n siŵr, oedd yn prynu'r had hefyd.

Caewyd drws yr efail tua diwedd y pedwardegau, ac ar wahân i'r saer coed, y gof oedd yr olaf o grefftwyr traddodiadol y llan. Byddai yntau yn gwneud ychydig o waith melinydd hefyd, ond dim ond malu'n oer ar gyfer bwyd anifeiliaid.

Darfu'r cwbl bellach. A fu'r fath newid erioed mewn unrhyw oes, mewn cyn lleied o amser?

Minnau yn unig a adawyd. Y drydedd genhedlaeth o seiri gwlad yn y teulu. Newidiodd y gwaith yn ddirfawr ers pan ddechreuais.

Bu fy nhaid yn saer chwarel am gyfnod yn chwarel Rhiw Fachno. Aeth fy nhad i Lerpwl am beth amser i wneud gwaith *joiner* yn ôl arfer y cyfnod. Nid yr un fel ac yr elai rhai o'r ardal i weithio yn y 'coton' yn Lerpwl a Halifax a lleoedd cyffelyb. Rheidrwydd byd gwan oedd hynny.

Penchwibandod llencyn oedd yr awydd a fu ynof i fynd i'r môr ar un adeg. Seiri coed, gofaint gwyn a gofaint du ac amaethwyr a fu'r teulu erioed, heb arlliw o draddodiad morwrol ar eu cyfyl – er bod hanes am un ohonynt yn mynd i grwydro arfordiroedd Arfon i chwilio am fachiad ar long yn rhywle. Aeth cyn belled â Chaergybi ym Môn a chafodd long i hwylio arni yn y fan honno. Cafodd hefyd ryw haint cyn cael rhoi troed ar ei bwrdd. Yng Nghaergybi y mae ei fedd.

Porthmon, amaethwr a bardd yn gyrru gwartheg cyn belled â Chaint ac Essex a'i draed ar dir caled oedd Edward Morus, Perthi Llwydion ym mhlwy Cerrigydrudion wedyn, ac yn naear Essex y claddwyd yntau tua diwedd yr ail ganrif ar bymtheg.

Yn wahanol i 'Twm Huws o Ben-y-Ceunant', aros gartre' a wneuthum i. Erys rhai pethau yn y cof, wedi eu serio ar y pum synnwyr.

Byddai rhywun wedi dod â 'hanner 'dyned' o geirch ar ei drol i'r odyn i'w grasu. Un hobed ar bymtheg oedd odyniad yn odynt Ysbyty Ifan; erys aroglau'r grawn cras yn fy ffroenau byth fel yr erys aroglau'r bara, newydd ei grasu a ddeuai o bob tŷ bron, yn y llan ar bnawn dydd Gwener. Hwnnw fel arfer oedd y diwrnod pobi ac wedi aros yn drefn ers blynyddoedd lawer yn ddiamau – mor sefydlog ag yr oedd dydd Llun yn ddiwrnod golchi.

Rhedwn adref o'r ysgol i dorri'r crystyn a thaenu trwch o fenyn i doddi ar ei wyneb cynnes. Neithdar y duwiau oedd y menyn hwnnw, pan fyddai gwartheg Eidda Fawr yn pori llysiau rhiniol Ffridd Llech, a gwin y duwiau oedd y llaeth enwyn o'r un lle. Druan ohonom heddiw, yn bwyta bara pryn a menyn tramor ac yn yfed dŵr tap. Ond wedyn, 'dydach chi ddim yn colli rhywbeth na fu ichi 'rioed ei brofi. Mynd yn dlawd ydi'r drwg.

Erys sŵn grwnian meini'r felin yn hwyr y nos a rhoncian yr olwyn fawr dan bwysau'r dŵr ar fy nghlyw. Prin yr anghofiaf dristwch ugeiniau o gylfinhirod yn chwibanu'n ddryslyd pan ddisgynai niwl trwchus ar nosweithiau llonydd dros y cwm.

Rwy'n dal i deimlo brath y rhewynt pan chwipiai dros Lyn Bryn Eithin wrth inni sglefrio dros ei wyneb llyfn ar funudau prin awr ginio o'r ysgol, a chofio'r gwrthwyneb, pan fyddai tanbeidrwydd gwres haul haf yn taro ar fuarth fferm ar bnawniau hirion, pryfetog, a dioglyd.

Tybed a oedd carpedi enfawr y grug ar y Migneint yn fwy porffor ers talwm? Bron na chredwn heddiw, eu bod yn llai o faint ac yn llai porffor nag a fyddent. Glaw asid tybed, neu'r gwynt o gyfeiriad atomfa Trawsfynydd?

Pwy fedr brofi? A phetae rhywun yn profi'n ddiymwâd, byddai sgrechfeydd yr awdurdodau'n fyddarol. Taflwyd cymaint o lwch i'n llygaid bellach, nes ein gwneud yn ddall, ac y mae angen meddyg mwy na'r cyffredin erbyn hyn, i agor ein llygaid, fel y byddwn eto yn gweld.

Mae sôn am y Migneint yn dwyn ar gof rhai amaethwyr a fyddai'n mynd â'u defaid i'r mynydd ddechrau Mai, ac yn aros yno ar eu gwahanol gynefinoedd i'w bugeilio. Byddai Cynwal Hughes, Pennant; Sylfanus Jones, Eidda Fawr; William Williams, Pen Bedw a Johnny Roberts, Blaen Eidda ar y mynydd am wythnosau. Yr oedd ganddynt rhyw fath o dŷ yno, Tŷ Bach Newydd, oedd o fewn cyrraedd hwylus i'r pedwar cynefin. Yno yr arhosent o'r naill wythnos i'r llall yn bugeilio peth, yn seiadu, diwinydda ac athronyddu. Deuent i lawr i fwrw'r Sul, i newid dillad ac i grefydda cyn ailgychwyn eto â chyflenwad o angenrheidiau wythnos hefo nhw. Wrth ymddihatru'n llwyr oddi wrth helbulon byd, nefoedd o le oedd y Migneint iddynt. Yn anffodus, deuai'n gynhaeaf gwair, a chyndyn ryfeddol oeddynt i droi cefn ar y byw di-boen a digyfrifoldeb ar y mynydd. Nid bod yr un ohonynt yn tueddu at fod yn anghyfrifol nac yn ofni gwaith – yn wir, Cynwal oedd y gweithiwr mwyaf diarbed yn yr holl ardal. Os byddai rhyw galedwaith mwy na'r cyffredin i'w wneud, nid gyrru ei weision a wnâi ond mynd i'r afael â'r gwaith ei hun. Pencampwr aredig oedd Johnny, nid yn yr ardal hon yn unig, ond drwy'r wlad i gyd, ac ni ddaeth i'r safle hwnnw heb lawer o chwys a llafur.

Mae'n ddarlun digon tebyg ohonom fel cenedl. Mae gennym ein gweithwyr dygn, ein pencampwyr mewn llawer maes a'n meddylwyr praff, ond mae hi'n braf ryfeddol ar y Migneint.

Eirch

'Cydia yn ei thraed hi – ac o ddifri hefyd.'

Un ar bymtheg oed oeddwn i ar y pryd, yn gafael yn y corff cyntaf i mi afael ynddo erioed. Theimlais i fawr ddim am wn i ond rwy'n cofio hyd heddiw fod y traed rheiny yn gythreulig o oer, er iddi fod yn wres poeth ar ddiwedd Gorffennaf. Hoffais i erioed mo'r gwaith, yn enwedig pan fyddai rhywun ifanc wedi marw. Drwy drugaredd, welais i fawr o'r rheiny, na phlant chwaith. Rhywfodd caledai rhywun i'r gwaith er bod y rhan fwyaf ohonynt yn gydnabod – rhai'n hoffusach na'i gilydd, mae'n wir. Rhag i rai hen eiriau a gofiaf, rhai o'r arferion oedd unwaith yn gyffredin a pheth gwybodaeth a lynodd wrthyf fynd ar ddifancoll llwyr, tybiais mai da fyddai eu croniclo cyn i 'nhraed innau oeri.

Gwaith digon caled oedd gwneud arch yn y dyddiau hynny. Yn y blynyddoedd cyntaf, coed derw cartref a ddefnyddiwn a hwnnw fel asgwrn. Cawsai ei fras blaenio gennyf yn fuan wedi iddo ddod o'r felin lifio tra'n feddalach a gwlyb. Wedi ei gadw am beth amser i sychu fe gâi ei lanhau a'i lathru pan ddeuai'r alwad. Byddai ambell sét wedi ei gadael weithiau, ers blynyddoedd lawer efallai, heb ei phlaenio a'r cyflenwad newydd heb gyrraedd neu heb sychu'n ddigon da a rhaid oedd defnyddio honno. Fe redai'r chwys yn afonydd wrth blaenio'r rheiny. Caledwaith dygn iawn. Yn rhyfedd iawn, ond yn aml hefyd, os byddai galwad am un arch mi fyddai galwad am dair o fewn ychydig amser i'w gilydd, fel petai'r glas yn mynnu gyrru'r neges adref.

Diolch i'r drefn, fe ddaeth dyddiau ysgafnach a phrynwn goed wedi eu paratoi, eu plaenio a'u llyfnhau a brathiadau'r ysgwyddau wedi eu llifio'n barod i'w plygu. Roedd cael arbed llifio saith neu naw brath ar draws dau fwrdd pedair modfedd ar ddeg neu bymtheg modfedd o led, a hwnnw fel asgwrn, yn beth i'w werthfawrogi. Dim ond mater o dorri i'r mesur, hoelio, berwi'r crochan pyg a rhoi farnais cyn gosod yr addurniadau oedd hi wedyn. Cawn waelodion o bren llwyfen a'r gweddill o dderw'r Amerig neu Siapan heb gainc ar eu cyfyl. Roedd hi fel gwyliau.

Daeth newid hyd yn oed ar hynny erbyn heddiw – papur llwyd neu rhywbeth tebyg wedi ei wasgu a'i lynu wrth ei gilydd a slifren denau o dderw, castanwydd neu lwyfen arno ydi hi erbyn hyn. Aeth gwaelod llwyfen yn 'elm bottom' fel pe bai hynny yn ei ddyrchafu i fod y pren gwerthfawroca erioed. Am wn i fod pobl, o'i glywed mewn iaith estron, yn rhyw hanner tybio ei fod o well ansawdd na phren llwyfanen gyffredin. Rhyfedd o genedl, a minnau i'w chanlyn. Ychydig iawn o neb sy'n gwneud arch erbyn heddiw p'run bynnag. Maent i'w cael yn barod, yn sgleinio'n neis, yn syth o'r ffatri. Dim ond gosod y plât a'r enw arno sydd raid.

Rhaid oedd codi bob awr o'r nos i wneud arch os byddai galw. Un neu ddau o'r gloch y bore y cefais fy nghodi lawer tro. Roedd rheswm da dros hynny. Roedd y tai yn fychain ac roedd yn arferiad nad elai neb o'r teulu i'w gwelyau hyd nes byddai'r corff yn yr arch er eu bod ar eu traed y nos ers nosweithiau efo'r claf ambell dro.

Nid oedd sôn am 'Chapel of Rest'. Pwy ddyfeisiodd y fath dwyll o enw 'sgwn i? Byddai'r mwyafrif yn marw adre. Gadewid golau yn y llofft dros nos – rhag y llygod medden nhw. Weithiau byddai'r aroglau'n gryf a'r amser hynny fe gymerid nionyn a'i falu'n fân i soseraid o lefrith a'i osod ar ben y grisiau. Pan elwid ar y saer yn hwyr y nos felly, byddai bwyd ar ei gyfer cyn iddo ddechrau gweithio. Pobl garedig oeddynt. Ond yn wir, roedd eisiau stumog o gastîl i wynebu samon tun yn domen binc ar eich plat am dri o'r gloch y bore o dan amgylchiadau o'r fath.

Ambell dro byddwn wedi dechrau'n gynnar min nos a dal i weithio yng ngolau cannwyll neu ddwy. Arhosai gweision a meibion ffermydd yn y gweithdy i estyn a chyrraedd a dal y gannwyll fel y byddai angen. Arhosai ambell un ohonynt hyd hanner nos ac un a rhagor weithiau cyn diflannu drwy'r gwyll i'w cartrefi. Cymerwn hoe fach tua thri o'r gloch y bore ac awn i ben y drws i wrando ar y nos. Weithiau byddai'n serog glir a rhewllyd gadarn; weithiau'n dyner, dawel. Teimlad annaearol oedd y tawelwch hwnnw. Dim ond y fi a'r arch; roedd popeth arall fel pe bai wedi sefyll am byth ond yn sydyn clywn yr hen ddaear fel pe'n dadebru a'r galon fawr yn ail ddechrau curo. Ambell dro byddai'r awel yn cwyno'n llaes yn y pinwydd wrth gefn y gweithdy fel sŵn anobaith llwyr. Dro arall sgrialai'r gwynt y lluwch drwy bob rhyw rigol fain yn y gweithdy cyn carlamu i lawr y cwm. Tybiwn weithiau i mi glywed chwerthiniad cras yn ubain y corwynt fel pe'n cael hwyl am ein pennau, ddynionach pitw. Fe ddeuech i wybod eich maint ar amseroedd felly. Fel arfer, byddai amryw o bensiynwyr y llan yn ymweld â'r gweithdy yn ddyddiol; eisteddent yno, rai ohonynt am oriau. Ond pan fyddai arch ar y meinciau, ni welid yr un ohonynt yn tywyllu'r lle.

Byddai ambell un yn marw'n sydyn ac os oedd o faintioli go helaeth, roedd perygl i'r corff chwyddo. Pan fyddwn i'n amau hynny byddwn yn rhoi 'carchar' ar yr arch. Mewn gwirionedd nid oedd ond darn o bren rhyw ddwy fodfedd a hanner wrth fodfedd o drwch ar draws top yr arch o dan y caead i atal yr ochrau rhag lledu allan. Torrwn ei bennau ar ffurf cynffon deryn a'i sincio i doriadau o'r un ffurf yn yr ochrau a'i sicrhau â sgriws. Pe digwyddai'r chwyddo a minnau heb ragweld hynny awn allan i'r cae agosaf i chwilio am dywarchen wlyb drom, ei lapio mewn cadach a'i gosod ar y corff.

Dros pob ffenest cegin a pharlwr yn y llan byddai'r bleinds wedi eu tynnu cyn yr elai'r cynhebrwng heibio. Gwyddech o'r gorau, er hynny, fod llygaid yn gwylio o ffenestri'r llofftydd. Llenni sydd arnynt heddiw ond ni fyddaf yn gweld neb byth yn eu cau.

Arferai'r saer fynd â mymryn o sebon gydag o ar ddydd yr angladd. Tynnai'r sgriws drwyddo rhywbryd pan fyddai'r gwasanaeth yn y tŷ yn tynnu tua'r terfyn. Roedd tuedd yn ambell sgriw i roi rhyw wich anghydnaws wrth ei throi. Gwyddai'r mwyafrif mai dyna'r adeg y byddai'r saer yn sgriwio'r caead am y tro olaf. Gallasai sŵn annhymig felly beri anesmwythyd dybryd i ambell un heb raid nac achos!

Tybiais yn fy mhlentyndod glas fod amdo yn wisg am y corff cyfan, a bu'n broblem nid bychan i mi sut y gallai neb ei gwisgo am rhywun oedd wedi marw. Roeddwn wedi gweld bocseidiau ohonynt yn y cwpwrdd yn y llofft gartre pan oeddwn yn blentyn. Ni fûm erioed mor hy ag agor yr un. Ymhen amser deallais nad oedd amdo yn ddim ond gorchudd dros y corff wedi'r cwbl. Roedd gwahanol fathau ohonynt. Rhyw dri swllt oedd eu pris ar gyfartaledd, ond roedd rhai drutach os oedd galw am hynny, gydag addurniadau porffor arnynt ac roedd rhimynnau o ddefnydd o'r un lliw i'w roi oddi mewn i gydweddu â'r amdo ddrud.

Saith a chweugain oedd pris yr arch gyntaf a wneuthum fy hun. Roedd yn dderw solet: wn i ddim faint a gostiai heddiw. Byddai gwahanol fathau o addurniadau – rhai duon rhad iawn sef hen stoc o ddyddiau'r rhyfel mawr cyntaf, rhai pres neu o liw pres a rhai o liw arian. Mynnai rhai teuluoedd, cyn fy amser i, gael tynnu'r plât a'r enw arno oddi ar y caead wedi'r angladd a'i gadw adref neu ei hoelio ar dalcen sêt y teulu yn yr eglwys.

Un a glywais i'n cwyno am bris arch wrth fy nhad. Roedd yn enwog am gwyno am bopeth prun bynnag a chafodd o fawr iawn o wrandawiad. Dywedwyd wrtho am gymryd cysur gan na fyddai raid iddo byth dalu am ei ripario.

Byddem yn prynu rholyn o galico yn y siop ddillad leol i leinio oddi mewn i'r arch. Yn llathen o led, câi ei dorri ar hyd ei ganol i gael hanner llath o bobtu ar yr ochrau a'r talcenni. Gwnaem barsel â darn ohono wedi ei lenwi â shafins i wneud gobennydd. Awn â'r plât i'r dref agosaf i gael torri enw arno a rhoi'r dyddiad ac oed yr ymadawedig yn ffigyrau bras ar ei waelod.

Pan ddeuai'r alwad rhaid oedd cael rhywun i ddiweddu'r corff. Dyna'r dywediad yn yr ardal am olchi'r corff, croesi'r dwylo ar ei draws a chau'r llygaid os na fyddent wedi cau eisoes. Os byddai tuedd i agor ynddynt, rhoddid ceiniogau ar yr amrannau (ceiniogau oedd yn dipyn mwy na'r ceiniogau heddiw) i'w cadw ar gau nes byddai'r corff wedi oeri'n llwyr. Arhosent felly wedyn er tynnu'r ceiniogau. Daeth gweinidog newydd i'r ardal tua diwedd y tridegau ac nid oedd erioed wedi clywed am y dywediad 'diweddu'r corff'.

Tybiodd y creadur yn ei anwybodaeth nad oedd y person wedi marw yn hollol ond nad oedd dim gobaith iddo adfywhau a bod rhywun yn mynd yno i'w orffen yn iawn. Credodd hefyd, yn ddiamau, fod gwir angen cenhadwr ymysg paganiaid mor anwar! Bu fy nain Pen y Bont yn gwneud y gwaith am flynyddoedd lawer cyn i mi ddechrau gweithio. Ond ni fu prinder wedyn o rai i wneud y gymwynas olaf hon.

Defnyddiem hers geffyl i gario'r eirch o'r ffermydd. Ciartar y fferm lle roedd y brofedigaeth a fyddai efo'r ceffyl fel arfer. Byddai eisiau glanhau'r hers cyn y cynhebrwng a chawn goron am wneud. Rhaid oedd iro'r gêr hefyd, yn dordres a thindres, yn fasg a choler a glanhau'r addurniadau pres a'r mwnci. roedd hyn yn gynwysiedig ym mhris glanhau'r hers heblaw rhoi ired yng nghwpanau pres yr echelydd, iro'r wels a rhannau symudol y brêc. Os byddai rhywun oddi allan i'r ardal yn defnyddio'r hers roedd ei daliad o yn uwch. Hers y plwy oedd hi.

Roedd yna elor hefyd yn y cwt lle cedwid yr hers a byddai honno yn cael côt o farnais yn achlysurol.

Cario ar ysgwyddau neu gerfydd yr handlenni oedd yr arferiad yn y llan y rhan amlaf. Clywais y gair 'trontol' yn cael ei ddefnyddio am handlen unwaith neu ddwy. Cawsai'r gair ei ddefnyddio beth yn amlach am handlen basged a phot peint. Byddai'r elor yn cael ei gosod wrth borth y fynwent i ddal yr arch tra'n disgwyl i'r person plwy ddod yn ei wenwisg i lafarganu 'Myfi yw'r atgyfodiad a'r bywyd'. Defnyddiwn yr elor i gario o dai'r llan ar achlysuron neilltuol.

Trafaeliai'r saer ar y fainc ar ben yr hers efo'r ciartar. Rhaid oedd i'r saer gerdded i fyny'r gelltydd garwaf a strocen yn ei law yn barod i'w rhoi tu ôl i'r olwyn pan benderfynai'r ciartar ei bod hi'n bryd i'r ceffyl gael rhyw 'ffwys bach a chael ei wynt ato. Rhyw lwmp o bren ar ffurf trybedd oedd y strocen a choes tua dwy droedfedd go dda o hyd ohono.

Unwaith yn unig y cofiaf glywed darllen ewyllys ar ôl angladd. Rhyw hen wraig fach, gam oedd yr ymadawedig a elwid yn Betsi Tan Cafnau – ni chlywais erioed gyfenw iddi. Nid oedd yn ddim o musnes i i fod yno, oherwydd tua saith oed oeddwn i, heb fod yn perthyn dafn o waed iddi cyn belled ac y gwn. Ond llwyddais rhywsut i stwffio i mewn i'r gegin dywyll efo'r teulu. Fel y mwyafrif yn y llan doedd ganddi hithau chwaith ddim llawer i'w adael er iddi'n ddiamau fyw yn ddigon gonest a gweithgar. Y math arall yn aml sy'n gadael fwyaf.

Yr oedd trefnu angladdau yn waith nad oeddwn yn rhy hoff ohono a byddai rhywun yn cael ei roi mewn sefyllfa ambell dro, nad oeddech yn siŵr beth i'w ddweud. Cefais fod y ffin rhwng y difrif a'r digrif yn denau iawn yn aml. Yr oedd hi'n llawer haws mynd at ambell deulu trallodus na'i gilydd. Roedd marwolaeth yn cael ei dderbyn yn rhan o natur, fel tymhorau'r flwyddyn gan rai, ac i eraill yr oedd yn ysgytwad milain.

'Sgin ti goed Huw?' Dyna fel y gofynnodd un pan oedd ei frawd ar ei wely angau. 'Fydd o ddim yn hir rŵan iti.' 'Does bosib nad oedd y brawd yn clywed; bechan oedd y siambr, prin deirllath sgwâr.

Beth a ddywedai rhywun dan amgylchiadau felly? Bod yn gynnil hefo geiriau am wn i oedd y peth gorau, fel Robart Pant Glas. Symudodd y teulu, y ddau frawd – hen lanciau a chwaer – hen ferch, i fyw i Dyn-y-bryn, ar ôl gorffen ffermio ym Mhant Glas. Cadwai ffermwr Trebeddau, fferm gyfagos, wartheg yn yr adeiladau yn Nhyn-y-bryn a deuai'r gwas yno fore a hwyr i ddyfrio'r anifeiliaid. Un min nos gaeafol, rhoes Robart ei ben heibio ffrâm y drws a gweiddi ar y gwas 'Cer i nôl y doctor.' Roedd Defi ei frawd yn sâl. Y bore dilynol, rhoes Robart ei ben eilwaith heibio'r postyn, 'Cer i nôl y saer.' Roedd y stori wedi ei dweud.

Nid pawb oedd mor gynnil ei eiriau. Byddwn yn galw heibio ambell dŷ yn y llan pan glywn fod rhywun yn cwyno. Nid i chwilio am waith, a'm gwaredo, ond i fod yn weddol gymdogol.

'Clywed eich bod chi'n cwyno,' meddwn i wrth rhyw wraig, 'O, dim ond rhyw anhwylder bach ar y stumog,' meddai hithau. 'Mae'n rhy fuan i ti ddod hefo dy dâp mesur.' 'Rhaid fod yna rhyw hen slecod o gwmpas,' meddwn innau, 'Yn rhyfedd iawn roedd "hon a hon" yn cwyno 'run fath yn union, ddoe ddwytha'n y byd.'

Er bod golwg bregus arni cynt, dyma hi'n tanio.

'Ryfedd yn y byd,' meddai, 'tawn i wedi piso trwy nghlustia,' mi fydde honno wedi gwneud o 'mlaen i.'

Lle oer yw mynwent ar y gorau, ac mi roedd hi'n oer festiffol rhyw bnawn yn angladd rhyw hen wraig. Roedd hi'n amlwg ers meitin fod person y plwy wedi cymryd gormod o'r ffisig melyn i'w gadw'n gynnes. Gwaethygu roedd pethau fel yr elai'r gwasanaeth yn ei flaen. Roedd y pridd wedi rhewi'n gorn a bu'n hir yn palfalu am ddigon i'w daflu ar gaead yr arch. Aeth yn benysgafn, siglai fel corsen ar y planciau. Cael a chael fuo hi i Bob Roberts y clochydd a minnau ei halio'n ôl i ddiolgelwch, wrth iddo wyro hefo'r 'lludw i'r lludw' i gyfeiriad caead yr arch.

Carthu'r Rhych

Bûm wrthi am tua phedair blynedd ar ddeg yn gwneud gwaith saer gwlad. Wn i ddim a wneuthum i'r gorau ohonynt, ond yn sicr, buont yn flynyddoedd cyfoethog o brofiad, na fynnwn er dim fod wedi ei golli. Blynyddoedd oedd yn gymysg o dristwch a llawenydd wrth ymwneud â'm pobl fy hun. Blynyddoedd o brysurdeb mawr ar adegau, ond prysurdeb hamddenol oedd o, ac nid y rhuthr gwyllt a chyrraedd unman, fel a welir heddiw. Mi roedd pobl yn dod i ben â hi yn llawn gwell yr adeg honno, neu dyna'r argraff mae rhywun yn ei gael.

'Fuaset ti ddim yn taro coes yn hon imi rhywdro wa?' meddai John Fron Ddu. Roedd o wedi cerdded i'r gweithdy â phen rhaw dan ei gesail ar ôl cinio, bron i ddwy filltir o daith.

'Ia! 'Does yna ddim hast wyst ti.'

Eisteddai wedyn yn y gweithdy drwy'r pnawn yn sgwrsio am hyn a'r llall, tan tua phump i chwech o'r gloch y nos. Gallaswn fod wedi gosod amryw o goesau rhawiau yn ystod yr amser, ond nid dyna oedd y drefn.

Wrth ymadael, byddai'n gofyn, 'Pryd y gallai ddechre cerdded yma i edrych fydd hi'n barod, wa?' fel petae hi'n gontract o gannoedd o bunnau. Gwyddwn o'r gorau na fyddai'n cyffroi dim, pe na byddai'n barod pe galwai ymhen mis. Oni fyddai'n esgus i gael rhyw bnawn o seiadu wedyn rhyw dro? P'run bynnag fel y treiglai'r blynyddoedd, roedd hi'n amlwg fod yr hen waith traddodiadol yn gorffen, er bod y cynefin yn ymestyn cyn belled â Chwm Pen Anner a Llangwm, Penmachno, Capel Curig, Nebo a Melin-y-coed ac i lawr y dyffryn cyn belled a Llanrwst a phellach weithiau – ac ar feic bach!

Ar wahân i'r celfi amaethyddol, roeddwn i wedi ymarfer peth ar adeiladau a phan ddaeth hen stad y Penrhyn dan ofal yr Ymddiriedolaeth Genedlaethol yn 1950. cefais waith sefydlog ganddynt fel saer ar y stad a chefais helaethu dipyn ar fy mhrofiad ar adeiladau ffermydd a thai a chastell neu ddau. Yr oedd digon o amrywiaeth gwaith yn y swydd hon hefyd, ac ymestynnodd y meddiannau o dipyn i beth, i gynnwys tai a thiroedd a thai bonedd cyn belled â Phen Llŷn a Môn, Erddig a Chastell y Waun, Ganllwyd a Chastell Powys yn y canolbarth ynghyd â meddiannau yng Nghonwy a Gallt Melyd ar yr arfordir ac amryw o ffân leoedd eraill. Yr oedd hwn hefyd yn waith wrth fy modd.

Pleser oedd cael ymwneud â thenantiaid gwahanol ardaloedd. Hyfrydwch oedd mynd i leoedd fel Nant Ffrancon a chyrion Llyn Ogwen a chymdeithasu hefo cymriadau fel Guto bach, Braich Tŷ Du; Wil Gwern Go' a'i frawd Gruffydd John; Emyr Blaen Nant a Wil Bodesi ac Emwnt a ddaeth i Bodesi ar ei ôl. Er teithio i ardaloedd dieithr, yr oeddwn yn dal i weithio ar yr adeiladau yn fy ardal fy hun o dro i dro, ymysg fy mhobl fy hun. Yr un priddyn oedd wedi ein cynnal, a da o beth yw bod â gwraidd pan ddelo drycin.

Gallwn draethu'n hir, mae'n debyg, am lawer cymeriad ffraeth y bûm yn ymwneud â nhw ond erys un yn y cof, a'i ffraethineb a'i harabedd yn danbeitiach na'r un cymeriad arall a welais erioed. Ni welais un ychwaith, â chymaint o ymadroddion doniol a dywediadau lliwgar yn rhan o'i sgwrs. Nansi Jones, Tai'n Maes yng Nghwm Eidda oedd honno. Mae'n edifar gennyf na fuaswn wedi croniclo rhyw gymaint o'r dywediadau rheiny. Gofynnais iddi amryw droeon wneud rhestr a'u taro i lawr ar rhywbeth fel y byddent yn dod, ond na! 'Pethe at iws ydyn nhw,' meddai hi, ac y mae mwy o wir yn hynny nag sy'n ymddangos ar yr wyneb. Wrth restru a chadw hen bethau, rydym fel pe baem yn eu rhoi mewn amgueddfa, a Duw a ŵyr, mae antîcs wedi mynd yn bwysig ryfeddol drwy'r wlad a Lloegr, digon diddorol cofiwch, ond nid 'pethau at iws' ydyn nhw bellach.

Creiriau, fel y pethau a gofnodir yn y llyfryn yma, ond nad ydynt erbyn hyn yn rhan o'n byw bob dydd.

Un crefftus wrth natur oedd Wiliam, gŵr Nansi Jones, yn waliwr cerrig a cherfiwr coed. Dyn dethe a graen ar ei waith, ac yn un a ryfeddai at grefftwaith rhywun arall. Galwn yno yn achlysurol i weithio fel y byddai'r angen, ac yn amlach na hynny am y gwmnïaeth. Roeddwn i wedi bod ym Mryn Ddraenen, fferm arall i fyny'r cwm o Dai'n Maes a bwriadwn alw yno ar y ffordd yn ôl i Felin Rhydlanfair. Yr oedd Nansi Jones ar ben y drws yn chwifio'i breichiau fel y nesawn at y groesffordd.

'Chlywaist ti 'run o'r pethe'r stad yma yn sôn am ddrws y *dairy* yma decini, mae o'n rhygnu ar hyd y llawr ers dwn i ddim pryd, a rhaid i ti gario fo i'w gau a'i agor.'

''Run gair,' meddwn innau.

'A ble buost ti heddiw yn hel gwair i dy gŵn, mor hy a gofyn?'

Rhywbeth nad oes angen i'w wneud ydi 'hel gwair i gŵn', wrth gwrs.

'Wedi bod ym Mryn Ddraenen,' meddwn innau, 'yn gosod *sliding door*.'

'Taw dithe,' meddai Nansi fel ergyd. 'Tydio'n beth rhyfedd? *Sliding door* ym Mryn Ddraenen, a drws yn llusgo yn Nhai'n Maes' a phwyslais mawr ar y 'sliding' a'r 'llusgo'.

Byddai ei chymariaethau yn loyw iawn bob amser. Mi welodd rhywun tenau iawn rhywdro, a phengliniau fel 'dau gorcyn fflasg'.

Roedd y ddrama yn un fyw yn aml a llawer tro yr euthum adref i dreulio'r min nos yn chwerthin, a dal i chwerthin hyd yn oed ar ôl mynd i ngwely.

Am ugain mlynedd y mwynheais fynd o le i le i atgyweirio, ailadeiladu, codi adeiladau newydd ac unrhyw waith coed a fyddai ei angen Cawn fynd i'r goedwig weithiau i weithio dipyn, dro arall i wneud camfeydd ar lechweddau Tryfan, i Ben Llŷn i osod llidiardau, i'r felin i lifio coed, i barciau'r plastai a'r castelli i gymhennu ac i drwsio. Amrywiol ryfeddol oedd y gwaith.

Pan ymddeolodd John Williams, Plas Padog o fod yn bennaeth arnom, cefais gynnig ei ddilyn i fod yn oruchwyliwr gwaith dros ogledd Cymru, a bûm yn y gwaith hwnnw am ddeng mlynedd. Rwy'n cofio llawer achlysur digri o'r cyfnod hwnnw. Dywedir fod yr hen gymeriadau yn darfod o'r tir a neb e'run fath yn dod i gymryd eu lle. Byddaf yn amau'r gosodiad yn aml, efallai nad ydi'r cymeriadau newydd yn hollol yr un fath, ond maen nhw yn bod.

Daeth Ifor Jones i wneud gwaith saer yn fy lle ar y stad. 'Mae eisiau i ti fynd i Dŷ Mawr Wybrnant i drwsio ffenestri a drysau,' meddwn i wrth Ifor rhyw ddiwrnod gan ychwanegu'n ysgafn.

'Cofia rhaid i ti fyhafio yn fan honno, peidio rhegi ac ati – cofia mai cartre William Morgan ydi o.'

'Iawn,' meddai yntau.

'Mae yna dipyn o waith ac mi fuaswn i'n leicio cael ei orffen yn o fuan, mi gei di weithio dros yr amser os leici di, a dydd Sadwrn hefyd.'

'Wel iawn,' meddai Ifor, 'ond fedra i ddim dydd Sadwrn, 'dwi wedi gaddo mynd i rhywle arall. Ydach chi'n meddwl y buase fo rhyw bwys gan y Wiliam Morgan 'ma, tawn i'n mynd yno ddydd Sul?'

O dipyn i beth cynyddai'r gwaith papur ar y stâd, a rhywsut, roeddwn i'n teimlo nad oeddwn yn cynhyrchu dim. Dim ond pentyrru papurach mewn ffeiliau yn y swyddfa. Mae'n debyg, yn yr oes sydd ohoni, fod rhai yn credu bod rhaid wrthynt. Pawb â'i farn, meddwn i.

Er mor ddiddorol y gwaith a'm hoffter o ymwneud â'r bobl; cyn fy nghladdu dan fynydd o bapur, yn ôl y deuthum i'r gweithdy yn Ysbyty Ifan, i ail ymdeimlo â'r rhin sydd mewn darn o bren, a phrofi'r mwynhâd o afael mewn bwyell a lli a phlaen, a gweld rhywbeth yn tyfu dan fy nwylo ac yn fwy na dim, y pleser o edrych arno wedi ei orffen.

Roeddwn i'n drigain oed pan ddeuthum yn ôl a phriodais wraig ac mae'r mab yn saith.

Gwneud dodrefn traddodiadol o dderw yw'r prifwaith erbyn hyn, yn gymysg ag ambell ffenestr neu ddrws a chyflawnder o jobsus tri ŵy un cyw, sef y gwaith nad yw'n talu.

Dydw i ddim yn gwneud eirch bellach, ond mi gadwaf ddrws y gweithdy yn agored tra gallaf, achos mae'r pensiynwyr yn dal i alw heibio yn aml, ac eraill yn dod i seiadu yn rheolaidd.

Doedd hi ddim yn fywoliaeth fras. Byd main oedd hi ar y rhan fwyaf yn yr ardal ar wahân i'r ychydig deuluoedd cefnog. Câi ambell un drafferth i dalu am garn cryman er mai naw ceiniog oedd ei bris a swllt wedi ei osod.

Roedd yna fendithion hefyd. Magai Arglwydd y stâd ffesantod, ddigonedd. Clwydai'r rheiny ar y coed a hawdd oedd eu gweld pan ddychwelwn drwy'r gwyll o'm gwaith ar y ffermydd. Gorchwyl bychan fyddai galw heibio iddynt yn hwyr y nos, a'r gwn efo mi. O ddisgyniad y dail hyd at ddiwedd Ionawr, 'dyrchafwn fy llygaid' i'r canghennau, rhag ofn fod yno ddefnydd cinio. Roedd yna gyflawnder o gwningod ar y caeau, sgwarnogod ar y ffriddoedd, grugieir ar y mynydd; heigiai'r pysgod yn yr afon ac roedd y ffynhonnau heb eu llygru.

Yr unig anhawster oedd fod gan yr Arglwydd ei giperiaid, a rheiny'n niferus, ond yn ffodus i mi, fydden nhw byth yn digwydd bod mewn lle manteisiol iddyn nhw eu hunain. Hyd yn oed heddiw, ni allaf gerdded ar hyd ffordd goediog yn y nos heb godi fy ngolygon at y cangau – rhag ofn. Mae'r ysfa fel hen haint, nad oes modd cael gwared ohono. Mae'n ddi-os hefyd ei fod yn ysfa etifeddol. Byddai fy nhaid yn mynd at dalcen yr eglwys ym mhen draw'r llan pan fyddai prinder cig ac yn gweiddi 'Tango'. Fe ddeuai Tango ar ei hald o'r fferm, oedd tua hanner milltir i ffwrdd, a'r cwbl fyddai raid ei wneud oedd sibrwd 'cwningen' wrtho, a rhedai'r hen gi nerth ei heglau i'r ceunant tu hwnt i Lidiart Llepa. Yn ddi-ffael dychwelai â chwningen rhwng ei ddannedd.

Does dim o'i le mewn ambell draddodiad fel yna, a ph'run bynnag nid oedd na bwlch plŷg, na chanwer na bwlch tri thoriad nac unrhyw nod cyffelyb ar na ffesant na chwningen i ddangos eu bod yn eiddo i neb neilltuol.

Amrywiaeth di-ben-draw oedd blwyddyn saer coed. Druan o'r sawl sy'n gorfod gweithio mewn ffatri ac yn troi yr un sgriw bob dydd; yn mynd i Majorca a lleoedd tebyg ar wyliau a dod adref wedi ymlâdd i ail-ddechrau troi yr un sgriw am flwyddyn arall.

Cyflwyno Cerdd Dafod

Nodiadau Huw ar gyfer dosbarthiadau nos,
Pentrefoelas, Gaeaf 1969

Dysgodd Huw y cynganeddion yn nosbarthiadau nos y Prifardd Gwilym Tilsli yn ystod y pumdegau. Yn ei dro, bu yntau'n cynnal dosbarthiadau cerdd dafod yn yr ardal, yn ogystal ag annog a thrafod mewn sgyrsiau anffurfiol fel y tystia Arthur a Myrddin yn y gyfrol hon. Bu'n ddolen fyw yn y traddodiad barddol yn Nyffryn Conwy, ac wrth gyflwyno'r cynganeddion, roedd hefyd yn trafod cerddi'r mawrion ac yn astudio elfennau barddoniaeth.

Y gynghanedd a'r englyn digri

I'r rhai sydd heb wneud dim â'r cynganeddion o'r blaen mae'n rhaid dweud cyn dechrau y byddant yn edrych yn bethau cymhleth iawn am ychydig ond mae'n ddiamau fod gan bob un ohonoch glust i glywed y gwahaniaeth rhwng llinell ddigynghanedd a llinell o gynghanedd. Pe dwedwn i, 'Mi geisiaf eto ganu cân' mi rydach chi'n deall ei bod yn llinell bersain ac mae yna rythm ynddi ond dim cynghanedd. Ond pe dwedwn i, 'Canaf i'r dwylo cynnil' rwy'n siŵr fod pob un yn clywed rhyw fiwsig ychwanegol yn y llinell yna. A'r peth sy'n gwneud y perseinedd ychwanegol yna ydi cynghanedd. Mae yna gytseiniaid ymhob pen i'r llinell yn ateb ei gilydd, canaf a cynnil. Sylwch mai dim ond *c* ac *n* sy'n ateb ei gilydd ond y gamp ydi eu gosod yn y lle iawn yn y llinell fel y bydd eu seiniau yn fiwsig i'r glust. Mae yna ugeiniau os nad cannoedd yn wir o fân reolau y mae'n rhaid wrthynt ac mae'n ofynnol eu gwybod. Ond fedrwch chi ddim eu dysgu i gyd ar unwaith, mae'n rhaid symud fesul cam a chyn hir mi ddowch i weld beth sy'n gwneud cynghanedd a beth sydd ddim. Beth sy'n peri sain felys i'r glust a beth sydd allan o diwn fel petai. A pheth i'r glust yn fwyaf arbennig ydi cynghanedd, nid i'r llygad.

Tydi'r rheolau sydd ynglŷn â'r cynganeddion ddim wedi dod i fodolaeth dros nos na'u dyfeisio mewn byr amser. Maen nhw wedi tyfu hefo'r canrifoedd ac nid ar antur na mympwy y lluniwyd nhw. Maen nhw wedi eu gwneud i siwtio teithi yr iaith, a dyma'r unig iaith lle defnyddir y cynganeddion. Maen nhw wedi eu llyfnu a'u llathru nes eu gwneud yn wyddor berffaith. Mi gewch chi rhyw fath o ateb cytseiniaid mewn ieithoedd eraill ond rhywbeth yn ei fabandod ydi ateb cytseiniaid yn y rheiny i'w gymharu â threfn cynghanedd yn y Gymraeg. Mi gewch chi *Morning Melody, Record Review, Saturday Stars* a theitlau tebyg yn rhaglenni radio, rhyw bethau sy'n dechrau fel yna hefo'r un gytsain ond cyflythreniad ydi peth fel yna ac nid cynghanedd. Mae yna enghreifftiau o feirdd wedi canu eu cerddi fel yn y Gymraeg yn y dull yna sy'n ganrifoedd oed – dechrau pob llinell hefo'r un gytsain. Rhywbeth i gynorthwyo'r cof oedd o mae'n debyg y pryd hwnnw ac mae cynghanedd wedi symud ymlaen ymhell iawn o'r math yna o beth.

Mae yna rai yng Nghymru yma sydd yn gwneud pethau ambell dro ar ffurf englyn heb ronyn o gynghanedd ynddo. Dwi ddim yn meddwl fod neb wedi gwneud englyn na chywydd nac unrhyw fesur arall o gerdd dafod heb yn gyntaf feistroli y rheolau sydd ynglŷn â'r cynganeddion ac mi fyddai'n anodd esbonio i bobl felly fod yna rhywbeth mwy mewn llinell fel 'Y nos dywyll yn distewi' na geiriau cyffredin bob dydd wedi eu gosod wrth ei gilydd i rhyw fesur arbennig. Mae yna dair neu bedair o reolau sy'n gwneud y llinell yna yn gynganeddol gywir fel y gwêl y rhai cyfarwydd sydd yma. Dipyn o gamp fyddai ceisio esbonio i'r anghyfarwydd fod yna rhywbeth mwy nag sydd ar yr wyneb mewn llinell sydd yn swnio yn hollol naturiol. Mae yna bethau ar wahân i gynghanedd hefyd yn y llinell wrth gwrs fel y dewis o eiriau a'r trosiad sydd ynddi fel petai'r nos yn beth byw a hwnnw'n blino ac yn mynd yn ddistaw. Ond awn ni ddim i sôn am hynny ond dweud mai nid y geiriau cynta' sy'n dod i feddwl y bardd y mae o'n ddefnyddio bob tro and mae yn gorfod chwilio a chwalu i ddod o hyd i air sy'n cyfleu yr union beth sydd ganddo eisiau ei ddweud. Mae hyd yn oed beirdd mawr fel R. Williams Parry yn newid geiriau a llinellau ugeiniau o weithiau i gael yr union beth sydd ganddyn nhw eisio ddweud.

Rhywbeth ar gyfer y cof yn fwya' arbennig oedd odl a chynghanedd ond fe dyfodd yn addurn ychwanegol mewn barddoniaeth ac yn fiwsig persain. Mi fuo'n datblygu o'r oesoedd tywyll twy'r canrifoedd i'r perffeithrwydd cymhleth sydd iddi heddiw a go brin y gall neb feistroli yr holl bethau sydd ynglŷn â hi mewn ychydig amser. Mae rhai beirdd safonol yn anghydweld ar rai pwyntiau ynglŷn â hi. Mae yna rai rheolau sy' efallai wedi goroesi eu defnyddioldeb fel y mae'r iaith yn newid a da o beth fyddai gwneud i ffwrdd ag ambell un ac mi rydwi bron yn siŵr y byddwch chwithau yn barod i newid llawer ar y rheolau neu efallai eu dileu yn gyfangwbl pan ddowch chi i wneud englynion a phethau tebyg, ond rwy'n siŵr hefyd y byddwch chi yn cydweld mai nid mympwy a'u lluniodd er mor rhyfedd ac ofnadwy yr ymddangosant yn y dechrau. Gallasech feddwl yn ôl hyn o lith mai pethau i'w hosgoi ydi'r cynganeddion, ond yn sicr i chi 'does yna ddim i'ch rhwystro i'w dysgu ond i chi symud bob yn gam a pheidio treio llyncu'r cwbl hefo'i gilydd. Ac fel y byddwch chi'n meistroli un gynghanedd rwy'n siŵr y byddwch chi'n awyddus i feistroli'r lleill.

Mae'n anodd dweud beth sy'n gwneud englyn yn ddigri. Roedden ni'n dweud fod tafodiaith yn help i ddigrifwch i'r rhai oedd yn deall y dafodiaith. Mae ambell i odl yn fwy digri na'i gilydd. Mae geiriau Saesneg a geiriau dipyn bach yn sathredig hefyd yn peri digrifwch weithiau. Dydi digrifwch ddim yr un peth â ffraethineb – mae yna elfen frwnt mewn ffraethineb weithiau. Mae gosod cymeriadau mewn sefyllfaoedd arbennig ambell dro yn beth digri hefyd. Mae gwneud hwyl o wendid dyn yn fai mewn englyn digri medden nhw er fod yna enghreifftiau o wendidau nag ydi o ddim yn ddrwg i wneud hwyl ohonyn nhw. Y sefyllfa yn fwya' arbennig yn yr englynion yma sydd yn peri digrifwch.

Crefft y cryno a'r cymen

Tuedd yr oes yma fel yn y cyfnod cynnar cynnar ydi crynhoi barddoniaeth, canu rhyw bytiau – yn hollol wahanol i gyfnod y cywyddwyr pan ganai beirdd gerddi epig hir ac arwrgerddi maith. Mae hyd yn oed yr awdl yn y Genedlaethol yn cael ei chyfyngu i fod o dan dri chant o linellau.

Roedd pethau'n hollol wahanol pan anfonodd rhyw fardd, awdl o dros dair mil (a honno wrth gwrs mewn cynghanedd gyflawn i gyd) i gystadleuaeth yn Ffair Fawr y Byd yn Chicago, ac ennill hefyd ddarn o dir ar gwr y dre fawr honno. Mae'r dre wedi ehangu erbyn heddiw wrth gwrs a mwy na thebyg y byddai'r darn tir hwnnw yn ffortiwn o werth miliynau o bunnoedd erbyn hyn.

Mi fyddent yn canu pryddestau hir wedyn yn nechrau'r ganrif. Pryddestau oedd yn bur sychlyd a dweud y gwir ac mi fyddai rhywun wedi blino cyn mynd hanner y ffordd drwyddynt. I ganu caneuon hir fel yna roeddech chi'n siŵr o gael ugeiniau o linellau nad oedden nhw'n dweud dim mewn gwirionedd a hefyd roeddech chi'n siŵr o gael cannoedd o eiriau llanw, geiriau nad oedden nhw ddim yn talu am eu lle. Dyna un o wendidau mawr prydyddiaeth ymhob oes (ac nid yn Gymraeg yn unig ond mewn ieithoedd eraill hefyd) ydi rhoi geiriau a llinellau i mewn sydd yno yn unig er mwyn cadw'r mesur neu er mwyn odl, ac weithiau yn y Gymraeg, er mwyn cynghanedd.

Roedd y safon yn ambell i ganrif wedi mynd mor isel nes credu mai'r geiriau llanw oedd yn gwneud y farddoniaeth ac roedd T. Gwynn Jones yn ei amser o yn dweud fod llawer o feirdd yn dal i gredu yr un peth. Mae yna ddigon o siarad yn yr oes hon fod eisiau gwneud i ffwrdd â'r gynghanedd ac nad ydi yn ddim ond rhwystr i fardd fedru dweud ei feddwl yn glir; ond y gwir amdani ydi fod hyd yn oed beirdd dilyffethair y dragwyddol heol yn ei chael yn anodd i fynegi eu meddyliau er gwaetha'r holl ryddid y maen nhw'n ei fwynhau. A phrin iawn fod yr un ohonynt wedi medru dweud cymaint mewn lle mor fychan ac y mae rhai o wir feistriaid y gynghanedd wedi fedru ei ddweud. Sut er enghraifft y gallai bardd mewn *vers-libre* ddweud cymaint o wirionedd a synnwyr mewn pedwar sill ar ddeg ag a ddywedir yn y cwpled:

> Mwyn ni bydd man y byddom,
> Mwyna byth y man ni bôm.

Nid yn unig mae peth fel yna yn gryno ond mae'n gynnil ac yn gelfydd hefyd. A dyna'r gwahaniaeth mae'n debyg rhwng barddoniaeth a rhyddiaith. Fe ellir dadlau fod modd dweud hyn mewn rhyddiaith noeth fel petae ac fe ellir gofyn pam yn enw popeth yr awn ni i drafferth i grynhoi ac i ymbalfalu chwilio am eiriau sy'n cynganeddu ac yn odli ac acenu yn gywir. Cwestiwn digon anodd i'w ateb, ac mae'n debyg nad oes yna ddim *un* ateb pendant. Ond petaem yn meddwl fel hyn, pam rydan ni'n mynd i drafferth i wneud pethau sy'n hardd i edrych arnynt? Petawn i eisiau gwneud bwrdd, mi wnai rhywbeth y tro mewn gwirionedd a byddai yna goesau a gwyneb iddo, ac yn wir mae pethau felly yn cael eu gwneud yn y modd mwya' di-drafferth; a chodi crocbris wrth gwrs. Maen nhw'n gwneud y tro yn iawn ac mae'n debyg, i rai pobl fod yna harddwch ynddynt, ond yn wir 'chydig ar y naw o grefft sydd yma. Rhyw bedwar peg, pedwar twll a phlanc a dyna fo. Ond mae yna wahaniaeth rhwng Rolls Bentley a Ford Anglia. Mae Ford Anglia yn iawn cofiwch.

Amser y rhyfel diwethaf mi fyddai yna ddillad a phethau felly a elwir yn Iwtiliti. Roedden nhw'n iawn. Roedden nhw'n gwneud eu gwaith, ond os oedd modd, dillad heb fod yn Iwtiliti a gymerai pawb.

Mi fedrwch chi ddweud mewn rhyddiaith yr hyn ydach chi eisio ddweud ond cymaint gwell ydi ei ddweud mewn mydr a'i ddweud mewn odl, a'i ddweud ar gynghanedd. Er enghraifft mi allech chi ddweud mewn rhyddiaith fel hyn, 'Y mae dynion o'r un tueddiadau yn naturiol yn ymgasglu at ei gilydd.' Dyna chi ddwsin o eiriau mewn llinell o ryddiaith digon gwir a sensol. Ond pan ddywedodd rhyw ddyn, 'Adar o'r unlliw, hedant i'r unlle' mi ddywedodd y gwirionedd mewn hanner dwsin o eiriau, a'i ddweud nid yn unig yn gymen, yn grefftus, yn gynnil ond hefyd yn gofiadwy, ac mae cynghanedd ac odl yn gymorth i'r cof. Mae dyn ar hyd yr oesoedd yn ceisio cywyddu mewn rhyw ffordd neu'i gilydd, nid nad oes yna gyfnodau o ddirywiad rhwng pob cyfnod o dyfiant ymhob agwedd ar fywyd ac mae'n rhaid i hynny fod. 'Marw i fyw mae'r haf o hyd. Gwell wyf o'i golli hefyd,' meddai R. Williams Parry. Mae'r un peth yn wir ym myd barddoniaeth. Mae yna gyfnodau pryd y ceir cyfoeth o farddoniaeth. Mi gawsoch yng nghyfnod y cywyddwyr a beirdd yr uchelwyr er y dywedir nad ydi pob un o rheini yn rhai da iawn medda nhw. Ond roedd yna gyflawnder o wirioneddau yn y cywyddau ac mewn englynion fel yn englyn Tudur Aled:

Mae'n wir y gwelir argoelyn – difai
   Wrth dyfiad y brigyn
A hysbys y dengys dyn
O ba radd y bo'i wreiddyn.

Mae peth fel yna wedi ei ddweud unwaith ac am byth. Mae fel rhyw berl yn disgleirio. A thybed na welwn ni fod yna wahaniaeth rhwng celfyddyd gain fel yna â rhyw ddefnydd crai heb ei lathru a'i gaboli a'i osod yn y modd perffeithia i arddangos ei harddwch a'i werth. Dyna'r unig gyfiawnhad sydd am wn i dros ganu mewn mesur a chynghanedd yn hytrach nag mewn *vers libre*. Mae gwirionedd wedi ei ddweud yn gelfydd ac yn grefftus bob amser yn farddoniaeth dda. A dyna sydd yn dda mewn mesur byr fel yr englyn lle nad oes gennych chi ond deg sill ar hugain mewn pedair llinell; a go brin y byddech chi'n rhoi geiriau llanw i mewn os y gellwch chi beidio sut yn y byd neu gobeithio hynny beth bynnag. Mae yna rhyw gysylltiad rhyngddo a hen fesur mewn mydryddiaeth Ladin, ond crefft

Gymreig er hynny ydi englyna. Ar wahân i'r englyn wrth gwrs mae modd canu ar fesurau eraill a modd canu hefyd ar fesurau heb fod yn gynganeddol. Mae gan Twm o'r Nant berlau yn ei farddoniaeth er ei fod o'n aml yn defnyddio cynghanedd gyflawn ac ambell dro rhyw gynghanedd braidd-gyffwrdd.

> Pe câi dyn annuwiol fynd i'r ne',
> Fe'i gwelai'n rhyw le aflawen.

Ac rwy'n siŵr eich bod chi wedi clywed aml i bregethwr yn cymryd hanner awr a throsodd i ddweud gwirionedd fel yna. Mae gan Twm lawer o bethau tebyg i hyn a llawer o wirioneddau llachar mae'n siŵr na ddylid eu cyhoeddi. Ond sylwch chi fel y mae y beirdd yn defnyddio rhyw un gair fel 'aflawen' yn y cyswllt yma, sy'n creu pictiwr o'r math o le y gwel yr annuwiol y nefoedd.

Dyna chi englyn gan rhyw fardd di-enw, 'Glendid':

> Od ydwyd fal y dywedan – yn ffôl
>   Ac yn ffals dy amcan
>   Hynod i Dduw ei Hunan
> Fentro dy lunio mor lân.

Mae digon o enghreifftiau fel yna o feirdd yn defnyddio geiriau sy'n gwneud rhywbeth yn fyw. Mae hyn yn digwydd dro ar ôl tro mewn caneuon o bob math.

I'r mwyafrif mawr ohonom dydi'r geiriau fel rhain ddim yn dod ar drawiad. Mae eisiau meddwl yn hir ac ymbalfalu yn aml cyn y dônt.

Rhamantiaeth

> Pe cawn i egwyl rhyw brydnawn
> Mi awn ar draws y genlli
> A throi fy nghefn ar wegi'r byd
> Â'm bryd ar Ynys Enlli.

Y tro o'r blaen roedden ni'n sôn am eiriau sy'n allweddol mewn cân ac nad oedd y beirdd yn derbyn unrhyw air agosa i law. Ac yn y pennill yma mae'r gair egwyl, troi cefn a gwegi'r byd yn eiriau allweddol. Fel y gwyddoch chi, cân gan T. Gwynn Jones ydi'r gân yma i Ynys Enlli. Y tro o'r blaen hefyd roeddwn i'n dweud fod beirdd o'r iawn ryw yn canu eu profiad ac oherwydd hynny roedd eu safbwynt wrth edrych ar fywyd neu eu hatitiwd (a defnyddio gair Saesneg) at fywyd yn siŵr o fod wedi ei wau i mewn i'r gân rhywsut neu'i gilydd. Ac yn y pennill bach yma rydach chi yn gweld un ochr beth bynnag i agwedd T.G.J at fywyd. Roedd ganddo eisiau 'egwyl' oddi wrth brysurdeb, roedd ganddo eisiau troi'i gefn ar drafferthion byw, roedd y byd o'i gwmpas yn llawn o wagedd ac roedd arno eisiau dianc i rywle oedd yn cynrychioli heddwch a thangnefedd. Mae'r pethau yma i gyd yn rhan hanfodol o safbwynt y beirdd rhamantaidd.

Ymhob gwedd ar gelfyddyd mae yna gyfnodau sydd â nodweddion arbennig iddyn nhw. Nid fod yna doriad sydyn o ganu clasurol i ganu rhamantaidd neu o ganu rhamantaidd i ganu swrrealaidd. Mae yna raddau o gymysgedd o nodweddion pob cyfnod i'w gael mewn cyfnodau eraill ond wrth sôn am y cyfnod rhamantaidd, canu rhamantaidd sydd yn fwyaf nodweddiadol o'r cyfnod. A beth ydyw canu rhamantaidd a phryd roedd o'n bodoli yn Lloegr, Ffrainc a'r Almaen yn fras rhywle tua dechrau'r bedwaredd ganrif a'r bymtheg. Ac yng Nghymru ymhen canrif yn ddiweddarach sef dechrau'r ganrif hon. Mae yna resymau digonol pam ei fod wedi bod mor hir yn cyrraedd yma, er fod yna arlliw o'i nodweddion yng nghanu rhai beirdd yng Nghymru ar yr un adeg ag yr oedd yn ei lawn fri yn Lloegr a hyd yn oed cyn bod sôn amdano yn Lloegr nag unman arall ychwaith roedd yn emynau Williams Pantycelyn nodweddion amlwg o'r syniad rhamantaidd. Diwylliant gwerinol a gwledig oedd diwylliant Cymru ac amgylchiadau hanesyddol yn ei gorfodi i'w haddysgu ei hun heb fawr o gymorth o'r tu allan.

Prif nodweddion rhamantiaeth (er ei fod yn beth ddigon anodd i'w esbonio) yw ei bwyslais ar y teimlad a phrofiad y bardd unigol a'i ymgais i ganfod y gwirionedd. Mae'n debyg ei fod wedi codi o'r ffaith fod beirdd a chelfyddydwyr o bob math yn teimlo fod deall a rheswm noeth yn annigonol i gyfleu beth oedd bywyd. Roedd deall a rheswm yn gloddiau terfyn rhyngddyn nhw a diffinio a mynegi profiadau heb sôn am fod yn rhwystrau i esbonio arwyddocâd y profiadau hynny. Rhyw fath o ddyrchafiad teimlad dros reswm. Un o'r pethau sydd amlycaf ym myd y teimlad ydyw serch a cheir beth wmbredd o ganu serch yn y cyfnod yma ac nid yn unig roedden nhw'n canu i serch fel profiad o'u heiddynt ond hefyd yn gwneud serch yn ddiben ynddo'i hun. Mae natur hefyd yn cyffroi teimladau'r beirdd ac y mae llawer o ganu i natur yn enwedig natur lle nad oes undyn wedi amharu dim arni. Ac yn y caneuon yma mae fel petai y bardd yn ceisio cymuno â hanfod ei fod yn enwedig yn y lleoedd anial, unigedd mynydd a môr ac yn nhwllwch nos, ac mae'n debyg fod y beirdd yma yn ceisio canfod mewn natur y teimladau o arucheledd a pherffeithrwydd ac wedi'r cyfan beth yw bardd os nad ydio'n berffeithydd. Prun bynnag, anaml wedi'r cyfan y maen nhw'n cael hyd i'r perffeithrwydd hwnnw ac mae'r canu rhamantaidd yn troi yn hiraethus. Ac mae'r hiraeth yma bob tro yn rhywbeth sydd yn anghyrraeddadwy. Hiraeth am y gwynfydau aeth heibio neu obeithio am nef wen sydd i ddod. Dydi'r presennol byth yn foddhaol iddynt. Yn wir gellir dweud mai peth gwrthun a pheth i'w anwybyddu ydi'r presennol. Dyma ichi ramantiaeth:

> Dyn dieithr ydwyf yma
> Draw mae ngenedigol wlad
> Draw dros foroedd mawr tymhestlog
> Ac o fewn i'r Ganan rad
> Stormydd hir o demtasiynau
> A'm curodd i fel hyn mor bell
> Tyred, ddehau wynt pereiddiaf
> Chwyth fi i'r Baradwys bell.

meddai Williams, chwarter canrif cyn bod sôn am y mudiad rhamantaidd yn Lloegr. Oherwydd fod y bardd rhamantaidd yn ymwrthod fel hyn â'r presennol a'r realaeth anfoddhaol mae o yn y pen draw yn chwilio am ddihangfa ac mae'n gwneud hynny trwy fynd i rhyw gyfnod yn y gorffennol lle mae bywyd yn ddelfrydol. Doedd bywyd ddim yn ddelfrydol y pryd hwnnw wrth gwrs ond rydan ni i gyd yn synio fod yna rhyw dangnefedd neu rhyw oes aur ym more'r byd. Gellir synio mai yn y cyfnod medifal yr oedd arucheledd mewn serch a dewrder ac i'r cyfnod hwnnw y dihangodd y beirdd rhamantaidd ar y cynta. Ac mae'r gair rhamant wedi dod o'r Saesneg '*Romance*' a Roman Ffrengig oedd ar y cynta yn dynodi rhyw fath o stori o'r amser hwnnw am farchogion dewr a rhianedd prydferth ac yn aml yn y stori ceir elfen o hud a lledrith. Roedd themâu ac awyrgylch y math yma o beth yn apelio at ryw angen seicolegol yn eneidiau'r beirdd rhamantaidd.

Nid yn unig yn y gorffennol yr oedd y bywyd delfrydol a'r hud a'r lledrith yma ond hefyd mewn gwledydd pell dieithr fel yr India a China, ynysoedd Môr y De a lleoedd tebyg a cheir adlais o hynny yn 'Ynys yr Hud' gan W.J. Gruffydd. Ac wrth gwrs mae i Baradwys ym myd crefydd bob tro y tu hwnt i ffiniau amser yn y byd hwn.

Nodwedd arall ar ramantiaeth yw'r gred fod dyn unwaith wedi byw mewn cyflwr o dangnefedd delfrydol. Roedd dyn yn ei gyflwr cyntefig yn gynhenid dda a'r syniad o sefydlu mewn dinasoedd a datblygu yn gymdeithasol ac ymroi i ddiwydiant a'i gwnaeth yn llygredig. Felly bywyd gwlad neu wledig oedd y bywyd oedd y tebyca i'r cyflwr delfrydol a gorau po leia o bethau'r byd hwn oedd ganddo ac wrth gwrs rydan ni wedi cael canu fel yna yng Nghymru yn nechrau'r ganrif i Hen Lanc Ty'n y Mynydd a'r Hen Chwarelwr etc. Roedd y bai am lygredd cymdeithas i gyd ar y sefydliadau a threfn cymdeithas a chredai y beirdd yma fod modd rhyw ffordd neu'i gilydd i ddiwygio dyn a'i ddwyn yn ôl i'w ddaioni naturiol cynhenid. Wrth ddelfrydu fel hyn roedd rhai o'r beirdd rhamantus yn mynd yn wrthgrefyddol neu o leia yn wrtheglwysig.

Awen a Chrefft

Rwy'n meddwl i ni sôn beth amser yn ôl am 'Beth sydd yn gwneud barddoniaeth' a dod i'r casgliad nad rhyw un peth arbennig ond fod amryw byd o bethau yn crynhoi hefo'i gilydd fod cynghanedd a mydr ac acen yn gymorth, swyn rhai ansoddeiriau a phrofiad y bardd yn y fan yn bennaf. Fel y mae rhai wedi bod yn ceisio trin a thrafod ar hyd yr oesoedd beth sydd yn farddoniaeth, mae yna rai wedi bod yn ceisio trin a thrafod y broses greadigol neu mewn geiriau eraill, sut mae bardd yn mynd ati i wneud cân neu lenor ddarn o lenyddiaeth. Mae'r arfer o wneud hyn yn beth hynafol iawn. Mae dynion fel Plato ac Aristotle yng ngweithiau Groeg yn sôn am hyn ac y mae beirdd a rhai heb fod yn feirdd yn dal i wneud yr un peth. Mewn amryw o lyfrau mi welwch fod cytuno mai'r man cychwyn ydi rhyw gyffro annelwig – yn wir ddryslyd, di-gymell a di-ddal yn aml. Mae rhai ohonoch wedi bod yn gwrando ar Dr Kate Roberts ac mae hi yn aml yn dweud ei bod yn cadw rhyw lyfr nodiadau wrth law a'i bod hi'n gorfod ysgrifennu rhyw syniad ddaw iddi yr eiliad honno ar ganol ei dyletswyddau eraill neu mi fydd y syniad wedi mynd – rhywbeth di-ddal fel yna ac mae'n siŵr fod rhai ohonoch wedi cael yr un profiad, fel petai rhyw ysbryd yn dod heibio a chyn i chi fedru gafael ynddo a rhoi corff, fel petai amdano, mae o wedi mynd.

Fe ellir dweud fod yna ddwy elfen wahanol yn y broses o greu cân neu unrhyw beth creadigol arall. Ar un llaw fe geir y dull awenyddol, otomatig a'r bardd fel pe'n derbyn rhywbeth oddi allan iddo'i hun heb ofyn amdano neu o'i is-ymwybod neu rywle heb unrhyw ymdrech ar ei ran ei hun, neu o leia mae'n ymddangos felly. Efallai mai rhyw un gair sy'n cychwyn y trên o feddyliau. Un llinell ambell dro fel pe'n rhyddhau rhyw gaethion sydd wedi bod dan glo cyhyd neu efallai y daw yna bennill cyfan a'r syniad am gân gyfan ynghlwm ynddo.

Ar y llaw arall, mae yna rai yn sôn am rywbeth hollol wrthwyneb i hyn, lle mae'r bardd yn hollol ymwybodol yn cynllunio ac yn siapio, gwrthod a dethol geiriau, yn chwysu i gael y rhythmau a'r odlau priodol i gyfleu yn union brofiad y myn ei fynegi. Dyma'r dull caled, llafurus, heb rhyw bwerau cyfrin cudd i'w gynorthwyo. Yn ôl tystiolaeth rhai wedyn, mae'r ddau beth neu'r ddwy elfen yma, (yr awen ddi-gymell a'r llafur caled) yn bod iddyn nhw, efallai eu bod yn cael llinell neu bennill am ddim fel y dywedwn ni ac yna yn gorfod llunio y gweddill yn fwriadus. Mae llawer o feirdd wedi tystiolaethu fel yna. Mae yna fardd Saesneg, Edgar Allan Poe wedi gwneud cân 'The Raven' – y gigfran, ac yn dweud yn bendant mai adeiladu'r gân yn hollol ymwybodol a wnaeth ac mae'n honni nad oedd y fath beth yn bod a'r peth a elwir yn awen neu yn symbyliad creadigol. Nid ar ddamwain na thrwy unrhyw ysbrydoliaeth gyfrin yr ysgrifennwyd yr un gair o'r gân honno ond ei fod wedi ei gosod wrth ei gilydd o gam i gam neu o air i air fel petai'n broblem fathemategol. Mae pwyslais pobl fel R. Williams Parry hefyd ar yr ochr ymwybodol grefftus yma ond yn wahanol i'r bardd Seisnig nid yw'n gwadu bodolaeth yr awen (ac mi rydw'n defnyddio'r gair awen am y cyffro cychwynnol neu'r symbyliad neu'r weledigaeth neu beth bynnag y dymunwch chi alw'r peth). Ond yn rhyfedd iawn ar ôl bod yn ymdrechu ac yn ymlafnio am eiriau y mae'r awen neu'r wyrth yn digwydd meddai R.W. Parry. Ar ôl i'r bardd osod ei hun mewn rhyw gyflwr arbennig y mae'r wyrth yn digwydd neu y mae'r rhin ychwanegol, neu'r peth prin nad oes esbonio arno yn dod.

I Godi'r Galon

Mae'n rhyfedd a dweud y gwir na fyddem ninnau fel cenedl, heb sôn am ein llên, wedi hen dynnu'n traed atom bellach ac wedi marw o'r tir gan gymaint yr erlid a'r dinistrio sydd wedi bod arnom ar hyd yr oesoedd. Yr oedd hanes yn aros ar gof y genedl o genhedlaeth i genhedlaeth a beirdd y drydedd ganrif ar ddeg yn canu i ddigwyddiadau a phersonau y chweched ganrif.

Fel ymhob gwlad arall pan fyddai hi'n o ddu ar y genedl, mi fyddai'r hen feirdd yn codi calonnau eu cydwladwyr trwy ganu am adferiad a goruchafiaeth ar eu gelynion iddyn nhw, ac wrth gwrs fel ymhob stori dda mi fyddem yn darogan y deuai rhyw arwr anorchfygol i'w harwain. Mae'r math hwn o ganu yn bod rhwng y nawfed ganrif a'r bymthegfed. Canu i Arthur, Cynan, Cadwaladr ac Owain ac wrth gwrs o fod yn rhywbeth i godi calon y genedl ar y funud mi aeth y beirdd i gredu'r peth yn wironeddol ac oherwydd hynny mi aeth yn broffwydo noeth ac yn wir yn ffasiwn i ganu proffwydoliaethau fel hyn ac nid yn unig hynny ond roedden nhw hefyd yn llunio proffwydoliaethau ac yn eu tadogi i ryw feirdd ganrifoedd lawer fel Myrddin er enghraifft ynghynt, ac mi gollwyd yr aidd gwladgarol ac mi aeth yn ddim byd ond dull o ganu. Er i Myrddin fyw mae'n debyg yn y chweched ganrif a'i fod yn fardd, does yna ddim o'i waith ar gael dim ond y proffwydoliaethau a'r darogan a dadogwyd iddo gan feirdd ganrifoedd yn ddiweddarach. Fe broffwydir bob math o bethau ond diwedd pob darogan yw 'Cymry a orfydd cain fyddeudydd'. Mae yna hefyd dipyn o ganu am natur i'w gael a chanu gwirebau sy'n cynnwys pethau fel 'Cyfaill blaidd bugail diog' ac roedden nhw'n llinynnu gwirebau fel yna ymhob llinell o englyn a hefyd fel y dywedais dipyn o ganu crefyddol.

Mi ddaeth yna wedyn elynion peryclach na'r Saeson. Yn wir gelynion oedd eisoes wedi darostwng y Saeson, sef y Normaniaid. Ac ar y pryd rhanedig oedd Cymru ers pan laddwyd Gruffudd ap Llywelyn yn 1063. Ond yn rhyfedd y fo oedd wedi uno Cymry yn ei amser ac er i Wiliam y Gorchfygwr dreiddio ymhell i'r wlad a gosod barwniaid beiddgar i gadw trefn ar y Cymry, mi gododd y genedl yn un haid yn erbyn y goresgynwyr yma o dan arweiniad rhai fel Gruffudd ap Cynan a bu iddi ei thywysogion ei hun am ddwy ganrif arall, rhai fel Owain Gwynedd a Llywelyn ap Gruffudd, a'r Llyw Olaf a laddwyd yn 1282, ac er lladd hwnnw roedd ymwybyddiaeth y genedl o'i thraddodiadau a'i hanes yn ddigon byw i bara am ganrifoedd ar ôl hynny, yn wir hyd y dydd heddiw er mor fain mae hi wedi bod yn ddiweddar.

Uwch ben yr Awdl

Ymateb Huw yn **Yr Odyn** *wedi darllen awdl 'Gwythiennau', Cwm Rhymni 1990*

Nid pob cwmwd ac ardal gaiff y pleser o groesawu bardd yn ôl, sydd wedi ei ddyrchafu'n brifardd ein gŵyl genedlaethol. Dyna fu ein braint yn Nyffryn Conwy pan ddychwelodd Myrddin ap Dafydd o Gwm Rhymni a'r gadair genedlaethol i'w ganlyn. Nid yn unig hynny, ond ennill gyda chanmoliaeth uchel, a geirda unfryd y tri beirniad – a'r tri yn rhai y gellir dibynnu ar eu barn.

O'i adnabod yn weddol dda, mi wn nad yw'n or-hoff o gael ei ganmol yn gyhoeddus na'i bledu â llongyfarchion diddiwedd; ofnaf mai dyna ran o'r pris sy'n rhaid ei dalu am esgyn ohono i sylw'r genedl. Boed hyn yn gysur iddo, y gallwn ei sicrhau nad geiriau gwag na rhethreg di-ystyr mohonynt; edmygedd diffuant ohono am ei gamp yn ddiamau yw'r cymhelliad ac ynghlwm wrth hynny y mae parch ei gydnabod a'i werin ei hun at ei natur fonheddig ac unplygrwydd ei bersonoliaeth.

Canu profiad a wnaeth yn ei awdl, a dyna'r unig ganu gonest. Yn ei ddarlith ar William Jones, Nebo, y mae'r Doethur D. Tecwyn Lloyd yn sôn am feirdd Pabell Awen *Y Cymro* yn y tri a'r pedwardegau eu bod 'wedi colli dilysrwydd mewn profiad a'u canu wedi dirywio'n ddim amgen na ffasiwn ac ymhonni . . . ychydig ohonynt oedd yn traethu gwir brofiad nac ymateb credadwy, dilys i fyd a bywyd; dynwared teimladau, ceisio gwneud y sŵn iawn y maent, ac o'r herwydd, mae eu telynegion yn ffug'. Â ymlaen i ddweud mai ychydig iawn ohonynt oedd 'yn rhoi ysgytwad inni ac yn peri inni naill ai arswydo ar un llaw, neu ar y llaw arall, esgyn i ryw ogoniant'.

Nid un felly oedd William Jones ac nid un felly yw Myrddin. Gonestrwydd awdl Cwm Rhymni a bair iddi fod yn un ysgytwol a gogoneddus, yn ddyrchafol a gobeithiol.

Onid ysgytwol yw:
Mae pyllau galar yn afon cariad
A nosau duon i ddawns dyhead

Gogoneddus yw:
Gwelem ar delesgrin obaith inni
Ac yn llun y sgan holl hanes y geni

Onid dyrchafol:
Yn ei anadlu wyf hŷn o genhedlaeth
A'm haint yw henaint – ond pa wahaniaeth?

Ac mae gobaith yn brigo yn:
Mae yn ein bro don ifanc yn codi
A hon yw ton y dilyniant inni.

Nid rhaid yw dweud wrth ddarllenwyr *Yr Odyn* mai nid ar chwarae bach y cynhyrchir awdl o safon genedlaethol ac nid heb frwydr lew y cynganeddir pob llinell, a gwneud hynny fel y bônt yn rhedeg yn rhwydd a llyfn ac yn ymddangosiadol ddi-ymdrech fel pebai'r geiriau rheiny i fod efo'i gilydd erioed. Hawdd y gallwn ofyn 'Sut na fasen ninnau yn medru gwneud llinellau tebyg a ninnau wedi hanner meddwl yr un meddyliau?' Gwaith bardd ydynt, ac y mae yna wahaniaeth rhwng crefftwr a'r dyn 'do-it-yourself'. Na ddigalonnwn, hwyrach mai heb ddeffro'n iawn y mae'r awen wir ynom ac efallai ond iddi gael y gwrtaith iawn a'i meithrin yn ofalus, y tyf hithau yn goeden ogoneddus!

Bu cwyno yn y gorffennol fod rhai awdlau yn dywyll ac yn anodd eu deall, a diau fod peth gwirionedd yn hynny. Y mae awdlau'r blynyddoedd diwethaf er eu didwylledd yn llawn tristwch. Nid felly hon, mae gobaith llawen yn byrlymu trwyddi, a thybed nad yw'n crisialu profiad llawer ohonom. Darllenwch hi'n ystyrlon ac fe gewch weld.

Mae hi'n ganadwy iawn hefyd, ac yn siŵr fe wneir defnydd helaeth ohoni gan unigolion a phartïon. Dyna brif bwrpas barddoniaeth mewn gwirionedd, er mwyn i'r rhelyw o'r genedl ei chlywed a'i mwynhau. Wedi'r heth hir, y tristwch gaeafol a llymder anobaith ein dyddiau y mae angen codi calon a hybu gobaith a dyna ddylai fod yn bennaf bwrpas ein holl farddoniaeth. Bu gan ein beirdd drwy'r oesoedd gryn ddylanwad ar feddwl ein cenedl a da o beth a fyddai eu gweld eto yn ein clymu'n un corff a'n harwain i fawrygu'n gorffennol ac i obeithio'n llawen am ein dyfodol yn hytrach na'n bod yn rhefru yn gliciau diffrwyth a checru'n swnllyd fel brain.

Mae Cymru'n cael ei thlodi'n flynyddol wrth i filoedd o'n hieuenctid orfod gadael i chwilio am waith. Mae hufen y genedl yn diflannu a phrin y dychwelant. Gwyddoch yn dda beth sydd yn dod yn ôl dros Glawdd Offa yn eu lle, a chyfrif rheiny filoedd yn fwy. Diolch i'r drefn fod rhai fel Myrddin yn aros a sefydlu yn eu hardaloedd eu hunain. Synnwn i ddim nad oes mwy o duedd yn ddiweddar ymysg y Cymry ifainc deallus i wneud yr un peth. Cynydded hynny ac fe gynydda ein gobaith am ddyfodol gwâr. Y rhyfeddod ydi ein bod ni 'yma o hyd'.

Dywed Myrddin ei fod yn ddyledus i R.E. Jones o Lanrwst. Gelwais i'w weld yn ddiweddar ac er ei fod dipyn dros ei bedwar ugain a'r iechyd efallai heb fod cystal ag y bu, y mae ei feddwl yn dal yn chwim. Cyfieithu diarhebion o Iwerddon oedd o ar y pryd – a pheidied y cyfrwng-gŵn – os ydynt yn derbyn *Yr Odyn* – â chysylltu hynny ag unrhyw anfadwaith. Un o'r diarhebion oedd: 'Ni chaiff cae ei aredig wrth i chi ei droi yn eich meddwl'. Diolch i Myrddin am aredig y cae yng Nghwm Rhymni, yng Ngharreg Gwlach ac yn Nyffryn Conwy.

I Myrddin
yng Nghyfarfod Croesawu Llanrwst

Mae Carreg Gwalch heddiw'n falchach, – eithin
    Hiraethog yn decach,
Y gwinoedd yn amgenach,
Eirias byw yw byd *Rhys Bach*.

Yr awron o Eryri – daw rhyw wefr
    Daw rhyw ias i'n llonni,
A diferion clodfori
Yn llais 'rhen afon a'i lli.

Digymar yw tad Carwyn – gŵr geiriau,
    Y gorau'n y dyffryn,
Ac mi wn, fe hawliwn hyn
I'n parth mae o yn perthyn.

Gwiw emau teg o Aman – a gafodd
    Yn gyfoeth i'w anian,
A dur ei deulu'n darian
Ac arlwy 'rhen Gonwy yn gân.

Daliwn o hyd i lawenhau, – ei gân
    Chwal y gwyll o'r bryniau,
Rhai o'r hil ddeil i barhau
A thân yn eu gwythiennau.

Rhown win i frenin y fro – gŵr y gerdd
    Gŵr y gamp gwir Gymro,
Yn ddi-feth rhown iddo fo
Y dydd, a'r clod a haeddo.

Bro Garmon a Nanconwy – yr Hafren,
    A'r Alwen a'r Elwy,
A Môn a thiroedd Mynwy
Am hyn, lawenychant mwy.

Cyfarchiad yng Nghyfarfod Croesawu Capel Garmon

Nid pawb sy'n ennill cadair,
Nid pawb sy'n dod i fri;
Ychydig sydd o obaith
I rai fel chi a fi,
A dyna pam 'rym ni mor falch
O Myrddin Fardd o Garreg Gwalch.

Fe ganodd i warineb
A'r cenedlaethau'i ddod
A chanodd i'r gwythiennau
A'r gwaed roes iddo'i fod
Am hynny diolch wnawn i ti
Am blannu gobaith ynom ni.

Fe wyddom am ei allu
A gwyddom am ei ddawn
I ddangos y gwahaniaeth
Sydd rhwng yr ûs a'r grawn.
Mae pawb sydd yma – da y gwn
Am roddi clod i'r prifardd hwn.

Llythyr yn 'Y Cymro'

Ergydio yn erbyn duwiau bach y beiros

Annwyl Olygydd,
Syndod i mi oedd gweld yn *Y Cymro* (Ebrill 22), yr honiad rhyfeddol mai'r defaid sy'n gyfrifol am nad oes yna, bellach, ond prin fil o barau o grugieir ar ein mynyddoedd.

Saif mynydd y Migneint yn fras rhwng Ysbyty Ifan a Llan Ffestiniog. Un o'r mynyddoedd gorau am rugieir tua hanner cant neu drigain o flynyddoedd yn ôl, a chyn hynny mae'n siŵr.

Nid hap a damwain oedd yn gyfrifol am hynny. Perthyn i stad y Penrhyn oedd y mynydd y pryd hwnnw a chyflogai'r stad naw neu ddeg o giperiaid yn yr ardal hon yn unig.

Nid oedd yn eu plith yr un o'r pethau yma a elwir yn arbenigwr, roedd rhain yn gwybod beth oeddynt yn ei wneud. Dynion ymarferol nid dynion papur a beiro.

Dylem wybod o brofiad, fod un dyn hefo rhaw yn werth byddin efo beiros.

Diau fod yr honiad fod ffermwyr yn cadw mwy o ddefaid erbyn hyn yn wir, ond nid ar y mynydd y maen nhw. Mae'r rhan fwyaf i lawr ar y ffriddoedd a'r caeau drwy'r haf. Prin yw'r defaid a welwch o ben ffrid Blaen-y-Coed hyd at Bont yr Afon Gam ac mae hynny yn bump neu chwe milltir o fynydd.

Cwta hanner blwyddyn maen nhw yno prun bynnag. Gynt, mi fyddai'r myllt tair a phedair mlwydd yno drwy'r haf a'r gaeaf.

Yn Awst, yn flynyddol, deuai'r Arglwydd Penrhyn a'i gymheiriaid i 'saethu grows', yn blys fforsus a sanau tosyls i gyd, a'r beinw yn eu mysg yn ddrudfawr frethynnog, hir heglog, hyderus, eu cam a'u traed yn tragwyddol droi allan fel bysedd cloc ar ddeg munud i ddau.

Y rhain oedd 'y brigions' fel y gelwid hwy ar lafar. Roedd rhai saethwyr da yn eu mysg yn wryw a benyw, ac ambell un uffernol o ddi-annel.

Er hynny, y mae rhai sy'n dal i gofio ac ambell gofnod eto'n aros ar barwydydd cytiau allan cartre'r pen cipar, fel y byddent yn saethu hyd at bum cant o adar mewn un diwrnod. Byddai tua deg o saethwyr, dau wn gan bob un a 'loder' i ail lwytho'r baril gwag ar ôl pob dwy ergyd.

Er saethu fel hyn am bythefnos – neu dair wythnos ambell flwyddyn – yn ystod y tymor yr oedd yna gyflawnder o adar ar ôl.

Cyflogid deg ar hugain a rhagor ohonom o'r llan a'r ffermydd i guro a chodi'r adar o'r grug a'r brwyn i'w harwain i gyfeiriad y cytiau saethu. Saith a chwech y dydd oedd y cyflog a'n bwyd. Ni oedd 'bitars' a fûm i rioed mor gyfoethog na chynt na chwedyn.

Byddai Dafydd Jones, Padog, yn cario bwyd i fyny mewn trol arbennig, roedd hi'n fwy o sbring ciart nag o drol mewn gwirionedd – hon oedd y 'drol lynsh'.

Roedd y bwyd wedi ei baratoi yn becynnau parod. Clyffiau o frechdanau a thrwch da o gig eidion rhyngddynt, lwmp o gaws, clwt o fara brith a the neu gwrw yn ddiod.

Efallai fy mod ar fy mhrifiant, neu fod yr awyr iach neu'r cerdded blin ar draws ac ar hyd y mynydd yn peri i rywun fod ar ei gythlwng erbyn canol dydd, ond ni chefais, na phrofi ychwaith mewn gwestyau moethus, pedair seren, ddim oll i'w gymharu â'r pecyn bwyd o'r 'drol lynsh'.

Nid oedd llawer o wahaniaeth rhwng y te a'r cwrw, er y byddai'r pen cipar yn ofalus a phendant iawn yn mynnu nad oedden ni, 'yr hogia ienga ma' yn ymhél dim â'r cwrw.

Ni fyddai Dafydd Padog yn orfanwl o ba ffos y cymerai ddŵr i wneud te; yn aml hefyd byddai lefel y cwrw yn y gasgen wedi gostwng yn sylweddol ambell dro erbyn cyrraedd pen y daith – nid oherwydd anwastadrwydd y tir y byddai hynny yn digwydd – a byddai'n rhaid ail-dopio'r gasgen â dŵr o'r fawnog – roedd hwnnw debyg o ran lliw, beth bynnag am flas, y trwyth cynhenid.

I ddychwelyd at bwrpas y llith, byddai'r ciperiaid yn llosgi rhannau helaeth o'r mynydd bob blwyddyn. Gwnaent hynny yn flociau trefnus o hanner neu dri chwarter acer ar y tro ar draws y mynydd fel y byddai'r rhan fwyaf o'r grug yn dod o dan yr oruchwyliaeth yn ei dro, a chyflawnder o rug ifanc yn blaendarddu.

Roedd hwn yn anhepgor i fagu'r adar. Byddent hefyd yn torri ffosydd i sychu rhannau helaeth o'r mynydd, roedd hyn hefyd yn angenrheidiol i'r grugieir heblaw bod yn gymorth i'r ddafad gael lle sych dan ei thraed a phorfa well.

Gwasgerid grut mewn rhai darnau, cregin mân wedi eu malu yn gymysg â rhyw fath o galchfaen oedd y grut ac roedd hwnnw yn peri i blisg yr wyau grows galedu a chryfhau.

Rhan arall o'r gwaith oedd cadw rhif yr adar a'r anifeiliaid ysglyfaethus o fewn terfynau rheswm. Gosodent drapiau arbennig i ddal brân fawr, barcut, hebog, cudyll, hebog, carlwm, dyfrgi, llwynog ac unrhyw beth a fyddai'n debyg o beryglu parhâd y grugieir ar y mynydd.

Araf iawn er yn sicr y mae natur yn gwastatáu'r dafol. Rhaid i lygod fynd yn bla cyn daw tylluanod i'w difa, a rhoi help llaw i brysuro tipyn ar drefn natur oedd yr hen giperiaid.

Yr oedd yna gyd-ymddwyn rhwng amaethu a chipera a chadwraeth waraidd, drefnus, yn bodoli er lles pawb, prun bynnag a ydych yn cydweld â'r cymhelliad ai peidio.

Doedd hi ddim heb ei phroblemau mae'n siŵr, ond erbyn heddiw mae problem fwy.

Mae yna rhyw dduwiau bach wedi codi nad ydyn nhw'n atebol i neb, i ddeddfu na cheir agor ffos na llosgi grug: ni cheir pori tir heb eu caniatâd; os bydd rhyw ran lle mae blodau prin wedi tyfu erioed, rhaid newid y drefn a chau o'i gwmpas a rhwystro pob anifail i fynd ar ei gyfyl a rŵan ar ôl gwrando ar y rhain mae'r blodau prin yn diflannu.

Mae'r mynydd yn prysur fynd yn gors ac hyd yn oed y cŵn yn suddo dat eu bogeiliau yno erbyn hyn. Mae'r lle yn mynd yn ddiwerth i ddefaid. Diffeithwch fydd y cyfan cyn hir a ninnau yn cael ein trethu'n drwm i dalu am greu'r fath ffwlbri.

Diflannodd y ciperiaid, diflannodd y grugieir ac o mor

anodd fydd i'r rhai sy'n gyfrifol gyfaddef fod eu syniadau mympwyol am gadwraeth wedi peri'r fath lanast.

Y CYMRO, Mai 18, 1994

Llyfr Cyfrifon y Saer

Ymysg trugareddau Huw mae llyfr cyfrifon yn dyddio'n ôl i 1945. Ynddo, cedwir cofnod o waith y saer i bob un o ffermydd yr ardal, nodir y pris (troed fforch a throed rhaw a'u gosod – 5 swllt; gosod braich cribin – 4 swllt) ac weithiau'r amser a dreulid ar y gorchwyl (diwrnod a hanner i greu cwpwrdd derw i J.T. Roberts, Y Fedw). Erbyn yr amser hwnnw, gwelir gorchwylion fel adeiladu trelar tractor yn ymddangos yn ei raglen waith, yn ogystal â chantio a saernïo olwynion. Un eitem ddifyr gan saer oedd hefyd yn botsiar – gwnaeth droed gaff a'i gosod i Elfed Roberts, Y Fron ar 13eg Chwefror!

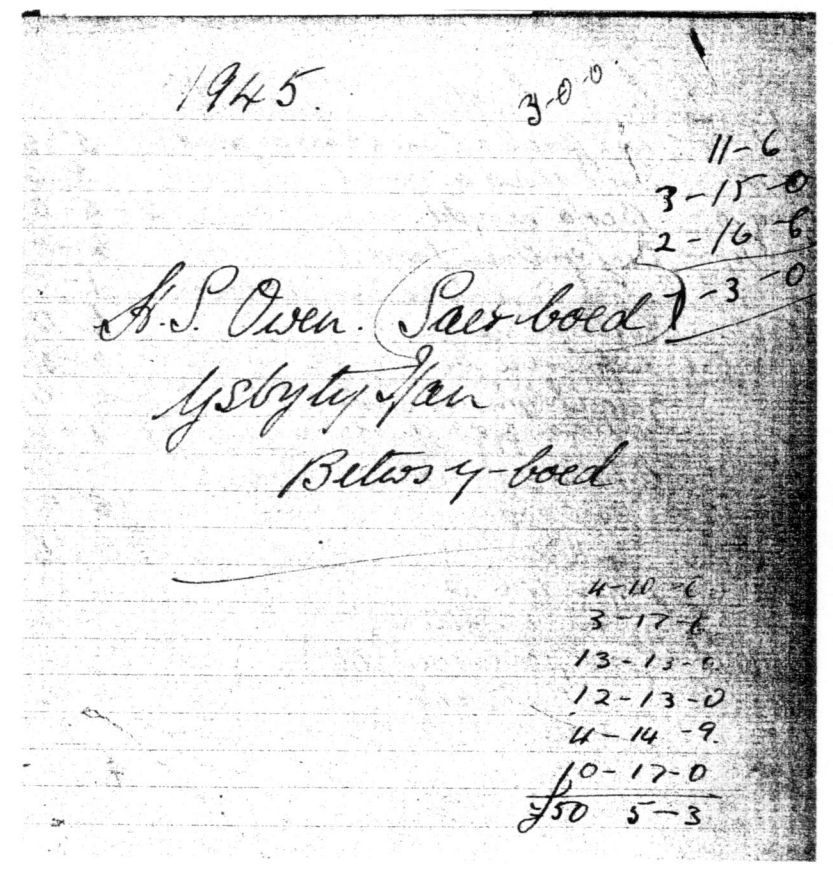

Mrs. M. Davies Bod y Fan.

Gosod pladur. Hogi cyllith a llifo clyfer	2	– 0
Troed bwyell	2	– 6
	2	– 0
Trwsio y Fan	3	– 6
Gosod gwydyr.	1	– 3
Feb Hogi lli gig.	1	– 0
Mawrth 13 Hogi lli. Trwsio step y bws.	2	– 0
	1	– 6
Ebrill 8. Gosod gwydr.	1	– 3
— Hogi cyllith a'u llifo	2	– 6
Mai 29. Troed bwyell	2	– 6
Gorff. 27. Hogi lli.	2	– 0
— Trwsio dws y Fan.	1	– 9
Awst 4. Paentio Hackney 7 seats ar y car.	1	– 6
Tachwedd Hogi cyllith.	1	– 0
— Trwsio dws yshed.	1	– 6
	1 – 8 – 9
Ionawr 14 1945. Troed fforch a'i oeud	2 – 0
	£1 – 10 – 9
Chwef. 12. Hogi bwyell a sheet rownd gwydys y car.	9
" 23. Trwsio dws shed/gwaith.	6 – 0
bold 14/t0 Facledd	0 – 4
6 Bolts 3½" × ⅜.	14 × 8 – 9
+ lb wire nails	7.
	2 – 10 – 2
Mawrth 28. Hogi cyllith	1 – 0

```
2x (18-0-0
    9-0-0
    2-0-0    Elwet Roberts y Fron.    17-0
    1-0
    4-0-0                              8-10
    16-0-0                             5-0
```

Chwef 13.   Troed gaff a'i osod   2-9
...   14   gosod 2 gliced at giatia.   3-6
             2 ... 2½×1
Chwef 16   1 altryd yn da dioed   4

Ebrill 4.   Sbilbren mawr.   4-0
             a'i gwisgo   1-6
Mai 14.   2 lbs wire nails 3.2   1—
Mai 28.   Llifio coed at y drol.   10-0
Mehefin 1. — Gweithio (y drol)   10-0
    2.   — " " "   10-0
    18.   — " " "   18-0
    19.   — " " "   16-0
Gorff 13.   Plaenio sh aftia 8 hours —   8-0
Awst 2.   Gwad sections ay electric jar.   4-0
Awst 20.   Gwneud car yd.   10-0
Nedi 4.   Gweithio ar y drol. 1 hour.   14-0
    5.   " " " 3 "   6-0
    6 + 7   " " " 6 + 1 day   30-0
  — 10.   Llifio coed hiples oc echel   10-0
  — 11   Gwneud sechel. Plaenio Pauntro 1 day 20-0
    12.   Gwneud hiples a'u pauntio ½ day 10-0
    25.   Goffen y drol.   10-0

TOTAL 20-19-9
Talwedd 19-17-0

Yn sŵn y gloch

Sgwrs a draddodwyd gan Huw Sêl, 29ain Ebrill, 1992 yng Ngherrigydrudion fel rhan o Ŵyl Llyfrgell Clwyd a drefnwyd gan Hedd ap Emlyn.

Tua mis Ionawr y daeth Hedd ap Emlyn ar y ffôn i ofyn a wnawn i roi rhyw sgwrs yn ystod yr ŵyl yma. Gan nad ydwi yn siaradwr cyhoeddus nag yn ddarlithydd o fath yn y byd, roeddwn i'n gyndyn iawn, iawn i gytuno i wneud y fath beth. Ond fel y mae rhai fel hyn – maen nhw'n gyfrwys fel seirff. 'Ia,' medde fo, 'fydd o ddim tan tua diwedd Ebrill neu ddechrau Mai'. Roedd hynny'n llarieiddio dipyn ar y peth ac yn tawelu dipyn ar y meddwl. Rhyw ffug ddiogelwch oedd o wrth gwrs, tebyg i fel mae Manweb a rhyw siopau mawr cyffelyb yn hysbysebu *'Buy now, pay nothing until November'*. Y drwg ydi mae *'November'* yn dod a hwyrach y gall hi fod yn wanach yr amser hwnnw nag ydi rŵan. – Mae hi wedi dod yn *November* arna' inne, ac mae'n amser talu. Gan nad ydwi ddim yn siaradwr cyhoeddus, rydwi am ofyn i chi gydymddwyn â mi, am ddefnyddio papur, a hefyd mae'r cof yn echrydus. Fuaswn i ddim mor hy â'i galw'n ddarlith, rhyw sgwrs fydd hi, fwy na heb. Rhyw *'address'* fel y buasai Ifans y Tryc yn ei ddweud.

'Raid iddi ddim bod ond cwta dri chwarter awr,' meddai Hedd.

'Duwcs,' medda finnau, 'cwta hanner awr y mae pregeth Sasiwn yn ei bara y dyddiau yma.'

Ymhen dipyn wedyn fe ddaeth gair i ofyn beth fyddai'r testun er mwyn cael paratoi 'poster'. Roedd o wedi awgrymu mai rhywbeth yn gysylltiedig â'r llyfryn oeddwn i wedi'i gyhoeddi beth amser yn ôl y dylai hi fod. Ar ôl 'hir fyfyrio' fel y dywed Parri-Williams, fe ddaeth i nghof rhyw ddywediad, nad ydio ddim i'w glywed mor aml heddiw, am rhywun oedd yn weddol gartrefol, heb rhyw ysfa fawr i fynd dros ffiniau'r plwy'. 'Eith o ddim ymhell o sŵn y gloch.' A chan mai yn Ysbyty Ifan rydwi wedi byw ar hyd fy oes nes mynd dros oed yr addewid, ac yn annhebyg o symud bellach, roeddwn i'n meddwl y byddai 'Yn sŵn y gloch' yn deitl fyddai'n gweddu. A fyddai hynny ddim yn cyfyngu gormod arna' i, ac yn gadael dipyn o sgôp i mi grwydro, ac heb fy ngorfodi i gadw at rhyw un agwedd neilltuol na mynd i rhyw ddyfnderoedd athronyddol na diwinyddol. Felly rhyw gymysgedd o'r dwys a'r digri a'r difrif a'r ysgafn fydd hi – a hefyd dipyn bach ar chwâl rydwi'n ofni.

Er i mi fyw yn yr un ardal am oes gyfan, dydwi ddim yn teimlo i mi golli dim, er o'r ochr arall 'dydach chi ddim yn colli rhywbeth nag ydach chi 'rioed wedi ei gael'. Os rhywbeth, rydwi'n teimlo mod i wedi ennill mwy wrth aros yn f'unfan. Po fwyaf yr arhoswch chi yn yr un lle, dyfna'n y byd mae'r gwreiddiau'n mynd. Rydach chi'n dod i adnabod y bobl o'ch cwmpas yn fwy trylwyr, yn dod i wybod am eu rhinweddau a'u diffygion – bron na ellwch chi ddweud sut maen nhw yn mynd i ymateb dan wahanol amgylchiadau. Maen nhwthe hefyd yn dod i wybod am eich gwendidau a'ch rhagoriaethau chithe ('os oes gennych chi rai'). Mi fydda i'n rhyfeddu yn aml wrth sylwi sut mae nodweddion ambell deulu yn amlygu eu hunain o'r naill genhedlaeth i'r llall. Rydach chi'n gweld osgo neu gerddediad rhyw hen daid yn y plentyn dengmlwydd. Mae'r un peth yn wir am deulu cerddorol neu arlunwyr da neu fathemategwyr tan gamp, mae'r nodwedd yn dilyn o genhedlaeth i genhedlaeth.

Er i mi aros yn sŵn y gloch, dydi hynny ddim yn dweud na fuo gen i awydd i grwydro'r ddaear – awydd mawr mewn gwirionedd ar un cyfnod. Awydd mynd i'r môr a gweld y byd. Wn i ddim pam, fu yna 'rioed forwr, cyn belled ac y gwn i yn y teulu. Ffarmwrs, gofaint, porthmyn a seiri coed oedden nhw wedi bod erioed. Ychydig iawn o gefnogaeth gafodd y chwiw mynd i'r môr, yn wir gwrthwynebiad chwyrn iawn oedd yr ymateb. Rhyw chwiw hogynnaidd oedd o mae'n siŵr, ac erbyn meddwl, mae'n reit dda nad es i ddim, achos un sâl am drafaelio fûm i erioed. Fedrwn i ddim mynd ar y bys o 'Sbyty i Lanrwst heb deimlo'n sâl ryfeddol a doedd hynny ddim ond deng milltir heb sôn am forio dros donnau enbyd yr Iwerydd am filoedd o filltiroedd. Maen nhw'n dweud mai rhywbeth yn y meddwl ydio ond mae'n amheus iawn gen i. Ond aros yn sŵn y gloch a wnes i.

Mi fydden ni'n mynd ar dripiau Ysgol Sul wrth gwrs mewn 'charabangs' – roedd rheini yn well na bysus Crosville ac mi fyddwn yn o-lew ond i mi eistedd yn y blaen. Byddai'r eglwys a'r capel yn mynd yr un diwrnod. Dwy neu dair o charis i'r Methodistiaid ac un neu ddwy i'r Eglwyswyr, roedd o'n dibynnu ar boblogrwydd y lle roedden ni'n mynd iddo. Y *Royal Red* oedd rhai'r capel a'r *Royal Blue* oedd rhai'r eglwys. Am wn i nad oedd yna ddim arwyddocâd gwleidyddol yn y lliwiau, prin fod yna Dori na Llafur yn ein mysg. Rhyddfrydwyr cadarn oedd y mwyafrif, allwn i feddwl, a doedd Plaid Cymru ddim ond yn ei babandod. Lloyd George oedd y duw! Pension Lloyd George oedd yn cadw corff ac enaid ynghyd cyn bod sôn am y D.H.S.S. ac erbyn i chi feddwl, sut ar y ddaear oedd yr hen a'r afiach a'r anabl i fod i fyw onibai fod teulu ganddyn nhw i'w helpu? Doedd llawer ohonyn nhw ddim wedi medru rhoi dim wrth gefn, ar y cyflogau bychain oedden nhw wedi'i gael. Fawr ryfedd fod Lloyd George yn wrthrych i'w addoli.

'Dal llygoden a'i byta'i' fyddai'r drefn cyn hynny. Ar wal yr hen eglwys yn Ysbyty cyn codi'r un bresennol roedd yna englyn medde nhw. Roedd hynny cyn i bobl fynd yn ddibynnol ac yn fwy anystyriol o'u cyd-ddynion.

'Cofia'r tlawd, dy frawd di-fri – gwan, eiddil,
   Gwna iddo dosturi,
  Rho gardod rhag tylodi,
  – Diau y tâl Duw i ti.'

Byddai'r trip yn mynd i Landudno, Bae Colwyn, Y Rhyl – lle oedd yn llawer mwy poblogaidd gennym ni yn blant – hefyd New Brighton ac wn i ddim pwy oedd y *'Bright Spark'* a gynigiodd Pwllheli un flwyddyn – a hynny cyn bod Byclins cofiwch chi. Mi fuon ni yno – un waith. Hel pres bob yn geiniog neu ddimai i gyrraedd rhywle rhwng pedwar swllt a choron – cymerai hynny wythnosau lawer.

Mi fyddai yna sgyrsion hefyd. Sgyrsion Maenchester. Nid yr un rhai fyddai yn mynd ar Sgyrsion Maenchester ag a fyddai'n mynd ar drip yr Ysgol Sul. Roeddech chi erbyn hynny wedi datblygu i fod yn fwy beiddgar ac yn fwy parod iddi i 'mollwng a mwynhau pethau a gyfrifid yn bechadurus yng ngolwg henuriaid Seion.

Rwy'n cofio mynd ar drip i Lerpwl rhyw dro ac yn mynd drwy Birkenhead ac yn sylwi ar y rhesi craeniau anferth ar y dde yn ierdydd llongau Cammell Laird's. Cammell Laird's wedi ei sgwennu mewn llythrennau dwylath neu ragor o uchder ar hyd yr hoardings ar ochr y stryd. Meddwl y byddai fanno yn lle delfrydol i fynd i weithio ynddo. Sôn am hynny ar ôl cyrraedd adre a wir roedd yna lygedyn o gefnogaeth i'r syniad. Roedd fy nhad yn meddwl y gallwn i ddysgu crefft fel saer llongau, roedd rheiny yn cael eu cyfrif yn grefftwyr da eithriadol.

Yn yr ysgol yn Llanrwst yr oeddwn i ar y pryd a doeddwn i ddim yn or-hoff o'r lle. Hen dre fach Seisnig oedd hi yr adeg honno, yn enwedig perchenogion y siopau. Wedi'r cwbl Saesneg oedd iaith busnes mae'n debyg. Seisnig iawn oedd yr ysgol hefyd – dim ond yr athro Cymraeg a siaradai'r un iaith a chithe. Wyddech chi ddim oedd y lleill yn Gymry. Cefais sioc un bore Llun pan gefais fy ngalw i 'stafell y prifathro. Un o'r cynffonwyr ar y bys nos Wener wedi dweud wrtho fy mod i wedi rhegi ar y bys. Cefais bregeth hir yn Saesneg, a chosb o ysgrifennu can llinell 'Na chymer enw yr Arglwydd dy Dduw yn ofer' yn Gymraeg. Wn i ddim oedd o'n fwriadol ond yn yr isymwybod roeddech chi'n cysylltu Cymraeg â chosb ac wrth i'r un peth ddigwydd dro ar ôl tro roedd o'n ddiarwybod yn tanseilio'ch hyder chi yn eich iaith eich hun. Dyna'r unig dro iddo ddweud dim yn Gymraeg wrtha' i.

Aros am wythnos yn y dref oedd y drefn yr adeg honno a fyddai nos Wener byth yn dod yn ddigon buan. Tri a chwech oedd cost y lodging am yr wythnos. Un geiniog ar ddeg oedd y bys yn ôl ac ymlaen. Byddem yn mynd â bwyd hefo ni, yn fara, a menyn ac wyau. Hwyrach y caem swllt yn bres poced. Roedd pum ceiniog o hwnnw yn mynd i weld pobl fel James Cagney, Clark Gable a Joan Crawford yn gwneud eu campau yn y pictiwrs. Pum ceiniog oedd y seti rhata' – y *'laugh and scratch'* fel y'u gelwid a lle chweiniog i'w ryfeddu oedd o. Nid cynulleidfa barchus sylwer fyddai yno, fydden ni ddim ar ôl o weiddi 'Tendia' ar James Cagney fod rhywun tu ôl iddo hefo gwn, a gwaeth pethau o lawer ar Joan Crawford druan.

Roedd hen wraig y tŷ lodging yn ddynes grefyddol na fuo rytshiwn beth. Y pethau pwysica' yn ei bywyd oedd Capel Scot a'r teulu brenhinol. Dau begwn pur wrthgyferbyniol. Byddai'n rhaid i ni fynychu cyfarfodydd capel Heol Scotland a Seion. Tipyn yn sychlyd oedd cyfarfodydd Seion, pobl barchus a phob peth yn ei le ond roedd Heol Scot yn wahanol. Yno roedd cymeriadau lliwgar y dre yn dod. Byddai yno weiddi 'Haleliwia' a 'Diolch iddo' dros y capel a'r hen Ann bach y Bowls pan ddeuai rhywun i hel y casgliad yn gweiddi ei bod yn rhoi y ddime ola' i Iesu Grist! Roedd hi'n werth mynd i gapel Scot.

Byddai hen wraig y tŷ lodging yn derbyn y *Daily Post* bob dydd, a'r amser hwnnw mi fyddai yna golofn bob wythnos yn rhoi hanes y teulu brenhinol. Byddai'r hen wraig wrth ei bodd hefo'r golofn honno. Doedd ei golwg ddim yn rhy dda a byddai gwraig neu ŵr y tŷ yn ei darllen yn uchel iddi fin nos. Ambell dro pan na fydden nhw ar gael, mi fyddwn i'n ei darllen. Mi ryfeddech y pethau oedd yn digwydd i'r hen King George V a'r hen Feri'r Queen – roedd o'n gyfle gwych i ymarfer dychymyg hogyn tua pedair ar ddeg oed. Mi welais i fresus King George yn torri wrth iddo ddod i lawr o'r carriage a'r hen Gwin fawr yn gorfod dal ei drowsus o i fyny nes cyrraedd ei sêt. Mi faglodd y Duchess of Kent unwaith ac mi fyddai'r colofnydd yn rhoi disgrifiad manwl o'r gwisgoedd a'r perlau. *'Pale pink bloomers'* oedd hi'n wisgo y tro hwnnw beth bynnag ymysg pethau eraill. Yn y diwedd mi ddaeth yr hen wraig i ddallt nad oedd y pethau yma ddim yn digwydd i'w harwyr dim ond pan fyddwn i yn darllen y golofn ac mi gefais fy niarddel o'r gwaith.

Doedd gen i ddim diddordeb mawr mewn addysg a wnes i ddim llawer ohoni yn ysgol Llanrwst. Roeddwn i'n ddi-fai mewn gwaith llaw, arlunio, Cymraeg a Ffrangeg, nes y daeth hi'n amser dewis rhwng y ddwy iaith. 'Ewch chi ddim i wneud Ffrangeg,' meddai'r athro Cymraeg. 'Be fydd hwnnw da i chi yn Ysbyty Ifan?' a dyna ben ar hynny, er fod yr hen wraig oedd yn ein dysgu yn daer am i mi ddal ati. Mi fyddwn i'n colli'r ysgol gryn dipyn oherwydd asthma a chofiaf i mi fod wedi colli pythefnos. Mae'n amlwg fod y dosbarth wedi cael gwersi ar enwau taid a nain a mam a thad ac felly yn y blaen yn Ffrangeg tra bûm i adref. Y wers gynta' ddydd Llun pan eis i'n ôl oedd Double French. A dyma hi'n dechrau gofyn, *'Who has Le grand pere – La grandmere'* ac felly yn y blaen. Y rhan fwya' yn codi eu dwylo a finnau ddim syniad am beth oedd hi'n sôn. *'Owen!'* meddai hi, *'have you no relations at all?'*

'No miss,' medde fi. A thra bûm i yn y gwersi Ffrangeg mi gefais i sylw arbennig gan iddi gredu'n siŵr mai rhyw blentyn bach amddifad oeddwn i, heb neb ar y ddaear yn perthyn. Mi dalodd yr anwybodaeth hwnnw i mi ar ei ganfed.

Roeddwn i'n ddifai hefo Daearyddiaeth hefyd ond oherwydd prysurdeb y chwarae ar benwythnos byddai'r gwaith cartref yn diodde. Ac mi rydwi'n cofio gwneud map o Tibet ar y bys wrth fynd ar fore Llun. Tomi Nurse, un o Lanfihangel yno oedd y dreifar y bore Llun hwnnw. Dwn i ddim oedd o'n perthyn i Jehu, ond doedd o'n arafu dim wrth fynd rownd troua Padog a'r canlyniad oedd fod afonydd Tibet yn llifo i bob cyfeiriad. Rhoi'r map i'r athro yn y wers ac ymhen dipyn cael fy ngalw allan i sefyll o flaen y dosbarth fel enghraifft o un o Ysbyty Ifan lle'r oedd yr afonydd yn rhedeg *dros* y mynyddoedd.

Doedd gen i fawr o syniad ar Fathemateg, a'r amser hwnnw oni bai eich bod yn weddol yn y wyddor honno fyddai yna fawr o obaith i chi ddod ymlaen yn y byd, beth bynnag mae hynny'n ei feddwl. Ymgyfoethogi'n ariannol decini a dod i rhyw swydd bwysig. Yn y pen draw tybed oes yna swydd bwysicach na'i gilydd. Beth a wnâi'r Prif Weinidog heb y dyn lorri ludw, neu'r archesgob heb saer i wneud cadair iddo, neu beth wnâi yr hen Gwîn heb giartar i edrych ar ôl ei cheffylau. Mae pob swydd yn bwysig rywsut. Mi fyddai yna ddywediad, 'Os ydach chi wedi eich geni i rôt, ewch chi byth i bum ceiniog.'

Er i mi aros yn sŵn y gloch roeddwn i'n darllen llyfrau ac yr oedd yna enwau lleoedd oedd â rhyw swyn a hudoliaeth yn perthyn iddyn nhw. Wn i ddim, mae'n debyg eich bod chithau 'run fath â minnau wrth ddarllen nofel neu stori neu rhyw hanes eich bod yn ddiarwybod yn creu llun yn y meddwl o'r lle y byddwch chi'n darllen amdano. Raid i'r awdur ddim disgrifio'r lle o gwbl ond mi fydd y llun yn dod heb i chi feddwl. Mae'r enwau pellennig yma yn creu rhyw gyfaredd rhyfedd. Fûm i 'rioed yn Texas ond mi wn i o'r gore am y lle. Mae yna swyn yn yr enw Yukon a San Diego ym Marseilles a Chalcutta a rhyw hud rhyfeddol yn Shanghai a Bombay a Baghdad. Mae yna rhywbeth yn atyniadol ynddyn nhw a mi fu gen i awydd mawr i'w gweld i gyd ond wedyn mi fyddai'n meddwl am gân T. Rowland Hughes:

'Ni fûm erioed yn Llanydŵr
Ni fûm nid af ychwaith
Er nad oes harddach man rwy'n siŵr
Na Llanydŵr a'i fyd di-stŵr
Nid af, nid af i'r daith.'

Rhag ofn ynte, rhag ofn cael fy nadrithio ac i'r cyfaredd a'r swyn ddiflannu wrth weld nad ydyn nhw ddim tebyg i'r llun rydwi wedi ei greu ohonyn nhw wedi'r cyfan.

Yn y rhan fwya' o bentrefi, y mae yna gapel ac eglwys, mwy nag un capel yn aml oherwydd amryfal resymau. Dim ond capel ac eglwys sy'n Ysbyty. Roedden ni'n gweld hi'n braf ar blant yr Eglwyswyr. Doedd dim rhaid arnyn nhw i ddysgu adnod neu adnodau neu emynau ar gyfer y seiat nos Iau, dim rheidrwydd i fynychu cyfarfod gweddi na chyfarfod plant na llu o gyfarfodydd eraill oedd yn gysylltiol â threfn y Methodistiaid Calfinaidd. Doedd ganddyn nhw ddim 'Rhodd Mam' nac 'Hyfforddwr' i ymgodymu â nhw, nac Arholiad Sirol. Yr unig beth oedden nhw yn ei wneud oedd dysgu darnau o'r Llyfr Gweddi Cyffredin fel y Catecism, i gael eu conffyrmio oedd yn gyfystyr â chael eu derbyn yn gyflawn aelodau mae'n debyg. Nid person y plwy' oedd yn gwneud y gwaith hwnnw ond yr esgob, a byddent yn cael eu gwisgo mewn gwyn at y gorchwyl. Yr argraff oedd rhywun yn gael eu bod yn llawer mwy rhydd na ni. Roedden nhw'n llawn cystal plant er hynny, yn well yn aml, synnwn i ddim. Roedd person y plwy' ddim cymaint yn y golwg a'r gweinidog, ond rhywsut roeddech chi'n cael yr argraff fod ei ddylanwad o'r tu ôl i'r llenni yn y plwy' yn llawn cymaint os nad mwy. Roedd yna amryw byd ohonynt mewn plwyfi bychain, diarffordd yn wŷr dysgedig iawn, wedi eu trwytho yn y clasuron, yn feistri ar Roeg a Lladin, yn ymchwilwyr trylwyr i hanes ardaloedd ac yn gasglwyr brwd ar ddogfennau prin.

 Ysgol eglwys oedd ysgol y llan a deuai'r person yno yn achlysurol i holi cwestiynau a ninnau yn gorfod dysgu pethau eglwysig ar gyfer hynny, roedd yn rhaid ar yr ysgolfeistr ddangos yn y ffordd honno fod addysg eglwysig yn cael perffaith chwarae teg. Roedden ni hefyd yn gorfod mynd i gyfarfod Diolchgarwch yr Eglwys i sefyll ac eistedd ar amseroedd hollol anghywir oherwydd ein hanwybodaeth o'r drefn. Ond roedden ni'n dotio at y swets a'r maip, y tatws a'r sgubau oedd yn addurno siliau'r ffenestri. Rhyfeddu hefyd eu bod yn gweddïo dros y brenin. Roedd yna rai capelwyr na fyddent yn meiddio tywyllu drws yr eglwys o ran egwyddor neu rhyw reswm oedd wedi hen ddiflannu yn niwl y blynyddoedd. Am yr un rhesymau hefyd nid âi rhai eglwyswyr ar gyfyl y capel. Fel yr âi rhywun yn hŷn o'u holi ynghylch hynny, ni fyddai'r rheswm fyth yn glir iawn mwy na fyddai eu gwrthwynebiad i Gatholigion a'u hatgasedd at y Pab. Mi fu yna resymau pendant dros yr atgasedd yma ar un amser ond erbyn hyn ychydig sy'n gwybod y rhesymau am y rhwygiadau diflas a fu, ac ychydig yn wir a ŵyr pam fod gennym Annibynwyr a Bedyddwyr, Calfiniaid a Wesleaid. Mi fyddai un o flaenoriaid Seion acw ers talwm yn holi rhywun diarth a ddeuai i'r ardal. Y cwestiwn cynta': 'Be ydach chi, capelwr neu eglwyswr?' ac os digwydd iddo fod yn Sais y cwestiwn cynta fyddai, 'What are you, Church or Chapel?' Os digwyddai iddo ddweud, 'Church' byddai'r sgwrs yn darfod yn syth.

Mi rydwi wedi sôn dipyn am gapel ac eglwys am ei fod yn rhan bwysig o fywyd yr ardal pan oeddwn i yn y tri degau yn gwneud gwaith saer. Erbyn hyn dydi eu dylanwad nhw ddim cymaint o dipyn, boed hynny'n ddrwg neu'n dda yn ôl eich cred, ond mae'n rhaid dweud eu bod wedi bod yn ganllawiau i filoedd lawer am flynyddoedd maith. Maen nhw'n dal i fod i rai yn gyfrwng gorfoledd a llawenydd ond mae crefydd wedi bod hefyd yn loes a thristwch a phoen i eraill ar hyd a lled y byd.

Mi fydda' i yn edmygu'r bobl sy'n medru credu'n onest yn y Beibl, ond mi fydda' i hefyd yn amau cymhelliad ambell un sy'n gwisgo mantell y rhai sy'n credu. I fod yn berffaith onest, mi fûm i'n mynd i gapel yn weddol selog, mi fûm yn meddwl yn ddwys uwchben y pethau a fyddwn yn eu glywed yno, ar bregeth, mewn gweddi ac ar gân, ond fedrais i 'rioed gredu fel y mae rhai yn credu. Ymhen amser gan na welwn i ddim goleuni mi beidiais â mynd. Mi fûm i'n darllen llyfrau athronyddol a diwinyddol yn hen a modern, ond po fwyaf a ddarllenwn, dyfna'n y byd oedd y gors a thywylla'n y byd oedd y nos. Mi rois i gorau i'w darllen, os oedd o'n golygu y fath gymhlethdodau o feddwl, pa obaith oedd i'r cyffredin am achubiaeth byth. Mae'n rhaid fod ffordd symlach. Dydwi ddim yn dweud fy mod wedi dod o hyd i'r ateb terfynol, os oes y fath beth, ond rydwi'n credu fy mod rhywfaint beth bynnag yn nes iddi. Nid fy mwriad i ydi dilorni dim ar y grefydd gyfundrefnol wrth ddweud hyn. Wrth ddarllen y Beibl mae rhywun yn gweld ei fod yn llawn o ddamhegion, o symboliaeth ac o ddelweddau. Mi fydda' i'n amau yn gryf, tybed ydym ni wedi rhoi digon o sylw i'r ffordd y mae'r Iddew yn meddwl, a chrefydd Iddewig sydd gennym.

Er enghraifft, fedrai ddim credu yn llythrennol yn yr atgyfodiad, ond fe allai'n hawdd gredu ynddo fel delwedd o'r nerth tragwyddol sy'n awdur pob bywyd. Mi fedrai gredu yn y groes fel symbol o ddioddefaint ac o ddiwedd un bywyd. Mae'n gwneud i rhywun feddwl oedd y pagan mor bell ohoni hefo'i aberth i foddio'r duwiau. Roedd o wedi sylwi fod bywyd yn ailgychwyn o'r lle roedd y gwelltyn wedi gwywo. Mae gan Dic Jones gwpled:

Bydd gwanwyn a bydd geni'n – dragywydd
A glaw o'r mynydd yn treiglo'r merni.'

A dyna ichi beth ydi patrwm o ddelweddu.

Doeddwn i ddim yn bwriadu i hyn oll swnio fel pregeth, ond rydwi wedi 'dod i'r fan lle clywir rhu y môr ar benrhyn tragwyddoldeb mawr' ac wedi dod i gredu fod dyn wedi rhoi yr enw Duw ar y nerth tragwyddol sy'n peri bywyd ar y ddaear. Does yna ddim rhyw fod anweledig i fyny yn fan acw wedi dweud wrtho 'Duw ydw i'. Mae meddwl dyn yn rhy fychan i amgyffred pwrpas y bywyd hwn. Mae crefyddwyr yn dweud mai gogoneddu Duw yw pwrpas neu ddiben ein bodolaeth. Wn i ddim. Mae dynion wedi gwneud y Duw yma yn berson ac i mi mae hynny wedi peri dryswch. Mae dynion ar hyd y canrifoedd wedi gwau rhwydi i gyfiawnhau rhyw agweddau ar grefydd ac mae o'n baglu yn y rhwydi yma byth.

Mae yna filoedd ar filoedd o bobl sy'n credu yn y grefydd Gristnogol, a miloedd ar filoedd yn credu mewn crefyddau eraill. Mae yna hefyd filoedd ar filoedd sy'n llyncu ystrydebau a'u credu fel gwirionedd, a hefyd y mae yna filoedd ar filoedd yn dal i chwilio am rhyw wirionedd, nad ydio ddim yn bod efallai, ond o leia' rydan ni'n dal i chwilio.

Daeth yn amser ymadael â'r ysgol ac i fynd i morol am

waith. Anfonwyd i Cammell Laird's a chafwyd gair yn ôl a ffurflen i'w llenwi a minnau yn rhyw hanner breuddwydio y gallwn i wedi'r cyfan ar ôl dysgu'r grefft, gael mynd i weld rhyfeddodau'r byd. Roedden nhw'n barod i 'nerbyn i ond eisiau i mi fynd draw, gael iddyn nhw gael taflu llygad arna i edrych oeddwn i'n ffit, – ond – a hwn ydi'r ond mawr, roedd eisiau swm o arian i lawr fel rhyw siwrans y byddwn i'n dal ati i orffen y brentisiaeth. Doedd o ddim yn swm mawr o'i gymharu â phrisiau pethau heddiw, ond roedd o'n fwy o swm nag oedd yna acw o dipyn a dyna gaead ar y piser. Doedd dim amdani ond mynd i'r gweithdy yn Ysbyty Ifan. Cwta flwyddyn gefais i o brentisiaeth a wnes i ddim gafael ynddi fel y dylwn i mae'n debyg. Roedd gen i rhyw syniad go-lew am hanfodion y grefft cynt ond yr oedd yna lawer i'w ddysgu ac mae'n dal felly. Aeth fy nhad yn wael a bu'n orweddiog am hanner blwyddyn neu ragor. Doctor Ifor yn dod acw bob wythnos – fwy nag unwaith yr wythnos yn aml – ond ofer fu'r gofal i gyd. Roedd hynny yn yr amser pan oeddech chi'n gorfod talu bil y Doctor, ac yn wir roedd gen i ofn ei weld yn dod, ond mi ddaeth – a phrin ei fod wedi codi chwarter, nag yn agos i hynny, am ei wasanaeth. Ar wahân i gostau byw cyffredin beunyddiol roedd cost y claddu eisiau ei glirio, ond doedd hwnnw'n ddim o'i gymharu â chostau'r job honno heddiw. Prun bynnag fe ddoed trwyddi rhywsut.

Gwaith saer troliau oedd y gwaith ac yr oedd hynny yn golygu pob math o gelfi amaethyddol o garn cryman i wneud troliau. Ambell ffenest a drws, ddim llawer o rheiny gan fod y mwyafrif o ffermydd ar stad y Penrhyn ac roedd ganddyn nhw eu crefftwyr eu hunain i wneud pethau felly. Siediau gwair a thrwsio hen rai a gwneud eirch fel y byddai'r galw – fyddai yna ddim mwy na rhyw chwech neu saith o rheiny mewn blwyddyn.

Mi gefais i gefnogaeth dda gan amaethwyr y cylch a phobl y llan. Fel y gellid disgwyl roedd yna ambell un yn treio cymryd mantais ar fy anwybodaeth ond roeddwn i yn dysgu.

'Rwyt ti'n debycach o frifo llai arnat ti dy hun wrth unioni hoelen ar bren yn hytrach nag ar haearn.' Mi roedd hynny yn llythrennol wir, ond roedd yna ystyr ddyfnach i'r dywediad ac mi gymerodd hynny amser i mi ei sylweddoli wrth ymdrin â phobl.

Gweithio y rhan fwyaf yn y gweithdy oedd yr arfer, ond roedd hi'n rhaid mynd o gwmpas y ffermydd hefyd. Roedd yna rai oedd yn mynnu cael y saer i'r buarth. Roedd o'n draddodiad a rhaid oedd cadw ato er y byddai'n llawer mwy hwylus i wneud y gwaith yn ymyl y celfi a'r arfau yn y gweithdy. Un o'r llefydd rheiny oedd Carreg y Blaidd lle'r oedd Wiliam a Jane Williams a'u dau fab, Tom a John, yn byw. Dau gymeriad hoffus oedd Wiliam a Jane. Dau gartrefol iawn er fod Wiliam wedi bod cyn belled â Machynlleth un waith, medde fo. Mi fyddai Jane yn dod i'r cyfarfod Diolchgarwch unwaith y flwyddyn mewn het fawr a rhyw blu hirion wrthi, dyna'r unig outing fyddai'r het yn ei gael.

'Fuoch chi yn y ddrama neithiwr Jane Williams?'

'Naddo wir, machgan i, Wiliam yn meindo fawr am rhyw hen ddrama, rhyw hen bethe yn treio gwneud eu hunen yn wirion ydyn nhw medde Wiliam.'

Roedd Tomos y mab hynaf dipyn yn afiach, brest wan ganddo, ac yn smocio sigarets *'Black Cat'* ac yn tagu ac yn bustachu hyd y rhewl y byddai 'Tomos 'cw woch,' meddai Wiliam. 'Chap smart, sefn foot five yn nhraed ei sanau. 'Five foot seven' oedd Tomos ond fod Wiliam wedi rhyw fethu hefo'r ffigyrau.

Roedd cael y saer i weithio yno yn achlysur yng Ngharreg y Blaidd. Byddwn yn mynd yno ben bore dydd Llun, creu rhyw fath o fainc ar y rhewl neu yn yr hofel droliau os byddai'r tywydd yn ddrwg, mi fydden nhwthe wedyn yn dod â chadair neu focsus a'u gosod o'm hamgylch, y pedwar ohonyn nhw – a'r gwas a dyna lle bydden nhw bob dydd am wythnos gyfan, neb yn gwneud strôc o waith. Dim ond yr hen wraig yn picio i roi bwyd i'r ieir neu i roi'r tatws ar y tân at ginio. Tomos hwyrach yn stryffaglian i'r stabal i roi tamaid i'r gaseg a John oedd yn dipyn bach mwy dethe yn fy helpu drwy estyn a chyrraedd. Byddai yno sgwrsio di-ddiwedd am hyn a'r llall a gwylio'r gwaith yn mynd yn ei flaen. Roedd o'n lle difyr iawn, ac mi fyddwn i wrth fy modd yno. 'Tyd ac un o'r pethe ne i mi Tomos,' medde Wiliam. Sigarets oedd y pethe ne.

'Mw! Na,' meddai Tomos, 'Sgin i ddim.'

'Oes Tomos mae genti.'

'Fydd gini ddim fory na fydd,' meddai Tomos.

'Tomos, cym on, sgin i 'run heddiw nagoes,' meddai Wiliam. A rhoi fyddai raid i Tomos.

Roedden nhw'n bobl *'certain'* iawn a phan ddeuai hi'n ganol dydd, ddydd Sadwrn roedd Wiliam yn talu.

'Faint sydd arnai woch?' Mi fyddai'n deud 'woch' ar ôl pob brawddeg.

Byddai wedyn yn tynnu'r pwrs lledr o'r boced un o'r rheiny fyddai â charrai ledr yn cau am ei dop, ac wedyn mi fyddai'n troi ei gefn atoch rhag i chi gael affliw o syniad faint oedd yn y pwrs.

Roedd yna bump Wiliam yn byw yn y ffermydd yn y rhan yna o'r ardal, Gwern Hywel Ganol, Gwern Hywel Ucha, Gwern Hywel Bach a Bryniau Defaid, ond fod hwnnw yr ochr arall i'r afon. Pum cymeriad yn eu ffordd arbennig eu hunain â phersonoliaethau gwahanol i bob un ohonynt. Mae pobl yn dweud y byddai yna fwy o gymeriadau ers talwm, ond wn i ddim oedden nhw i'w cael mor aml ac y tybid. Ambell un oedd yna, doedd pawb ddim yn gymeriad ond efallai bod yna fwy o bersonoliaethau unigryw ac na fydden nhw ddim mor debyg i'w gilydd ac y mae pobl heddiw.

Mae'r cymeriadau yma i'w cael heddiw hefyd, y pethau maen nhw ei ddweud sy'n rhoi'r arbenigrwydd yma arnyn nhw. Ellai feddwl am rai yn 'Sbyty acw rŵan, un ohonyn nhw wedi dechrau gwneud sied, ffarmwr ydio, a doedd ganddo run ysgol. Wedi dod i rhyw uchder roedd o'n gweld fod angen ysgol. Mi aeth i Lanrwst a holi yn Jones & Bebb, Gwyn Lewis a'r Vale of Clwyd Farmers, a'r lle ola' y daeth o iddo fo, mi roedd yno ysgol i'r dim. 'Faint ydi hon?' medde fo. 'Cant a hanner,' meddai'r dyn. 'Cadw hi was,' medde fo, 'mi fydd yn rhatach i mi gael codwm.'

Mae ganddyn nhw rhyw feddyliau sy'n ystyried pethau o rhyw ongl na fyddai neb arall yn breuddwydio amdano. Mae yna rai tua Penmachno. Mi wn i am un, mae ganddo dyddyn bach. Roedd o'n cerdded ar hyd un o ffyrdd Penmachno ac mi welai ddyn yn 'sgaru tail yn y cae ac yn 'sgaru'n denau na fuo'r fath beth. 'Wyst ti be,' medde John, 'rwyt ti'n roi o fel taset ti'n rhoi cymun i lyffant.'

A sôn am 'sgaru tail, cofio am englyn Dafydd Williams y Garn, Pentrefoelas. Does yna neb yn 'sgaru hefo fforch y dyddiau yma. *'Muckspreader'* ydi hi, neu *'spread mucker'* fel byddai Dafydd Sgwifrith yn ei alw.

Dyma'r englyn:

Ar ôl lodio'r drol lydan – lluchia dail
    Yn llwch du i bobman,
Ni welir Twm yn ei gwman
Na'i dir mwy yn dyrau mân.

Mi gewch chi'r beirdd daeru am ei gywirdeb ond mae o'n englyn da.

Roedd John o Benmachno wedi galw yn rhyw ffarm tuag amser te, a gwraig y tŷ wedi gwneud cacen fale, a John yn aros i gael te ond doedd o ddim yn canmol y gacen. 'Ormod o dalar ynddi.' Dach chi wedi gweld y merched 'ma yn gwneud cacen blât ac yn mynd â'u bodiau o gylch y plant i asio'r crwst top wrth y gwaelod. Wn i ddim ai ar y plant oedd y bai, ynteu ai rhyw fodiau mawr oedd gan y wraig ond yr oedd yna ymyl rhy lydan, a'r dalar oedd John yn galw hwnnw. Maen nhw'n medru gwneud defnydd o eiriau cyffredin bob dydd fel yna a chreu rhyw ddarluniau sy'n fwy na byw.

Roedd Gwilym Gwern Hywel Ganol wedi symud i fyw i'r Hendre Isa. Mi roedd gan Gwilym hefyd ei sylwadau arbennig ar bethau. Roeddwn i'n gweithio i'r National Trust ac wedi mynd i Hendre Isa i osod drws ar yr ardd. Rhywsut mi chwalodd y pentan cerrig oedd yn dal y drws.

'Be nei di rŵan wa?' meddai Gwil.

'Ei godi am wn i,' meddwn innau. 'Os nag wyt ti am wneud.' O na! Doedd ganddo fo ddim amser, roedd y defaid yn dod ac ŵyn a ffwrdd â fo i gyfeiriad y beudy ucha a'r ffon ar draws ei feingefn. Mi godais innau'r pentan. Tydwi ddim yn saer maen ond diawch roeddwn i'n meddwl mod i wedi cael hwyl reit dda. Daeth Gwilym yn ei ôl a sefyll yn stond i edrych ar y pentan. Minnau'n meddwl ei fod o wedi cael sioc o weld y pentan wedi'i godi mor dda. Ddywedodd o ddim, dim ond rhyw ledwenu a gofyn ymhen dipyn, 'Wyt ti am aros ar dy draed y nos hefo fo wa!' Nid dweud ei fod o'n sâl oedd o ond awgrymu ei fod o'n wael iawn.

Newydd ddechrau gweithio ar ben fy hun yr oeddwn ac mi ofynnwyd i mi fynd i Blas Ucha i osod pladuriau gan fod hi'n tynnu at amser y cynhaeaf gwair. Mi fyddai yno bladurwyr diarth yn dod yno, ar wahân i'r gweision, ac er fod rhai o'r pladurwyr diarth yma yn dod â'u pladuriau ei hunain hefo nhw, roedd yno naw neu ddeg eisiau eu gosod neu ailosod y rhan fwyaf a choes neu ddau newydd yn y lleill.

Wiliam Owen Gwern Hywel Ucha oedd yn ffermio Plas Ucha ar y pryd ynghyd â Hafod Erddig, Bryn Gwyn a Thrwyn Swch – roedd hynny'n dipyn o gowlaid. Roedd ganddo was yn Gwern Hywel Ucha, dyn mawr, cryf eithriadol, brodor o Gwmpenanner, dwi'n meddwl. Roeddwn i yn medru gosod pladuriau ond ddim wedi arfer llawer ac heb fod yn hyderus wrth y gwaith. Roeddwn i'n gwybod hefo gosod y llafn i mewn neu allan, sut oedd y colshant yn cysylltu â'r troed hefo torch a wedgen a gosod y ffrwyn. Yn anffodus roedd yno hen grincyn o was yno yn gwybod popeth. Mi ddaeth i'r sgubor ar ôl i mi orffen a chydio ym mhob un y naill ar ôl y llall, a doedd yna 'run ohonyn nhw wedi eu gosod yn debyg i ddim. Doeddwn innau ddim wedi dysgu unioni hoelen ar bren yr amser hwnnw ac mi gadd wybod ble i fynd. Pwy ddaeth yno ond gwas Gwern Hywel Ucha, y dyn mawr cry', ac mi aeth hwnnw drwyddyn nhw i gyd, a finnau'n meddwl, beth ddwedith hwn tybed. Fyddai fyw i mi ddweud wrtho fo lle i fynd. Roedd o gymaint ddwywaith â fi ac mi fuase'n fy myta i'n fyw. 'Perffaith,' medde Bob, 'bob un ohonyn nhw, fuo ddim gwell gosod erioed.' Diflannodd yr hen was arall â'i gynffon rhwng ei afl a minnau'n teimlo'n dipyn o foi.

Roedd Wiliam Penbedw yn sâl rhyw fore Sul a chan fod Wiliam yn flaenor yn Salem, Penmachno roedd rhaid i rhywun fynd i gynrychioli Pen Bedw a'r mab Gwilym fu raid mynd. Daeth yn ei ôl. 'Sut oedd hi yn Salem bore 'ma Gwilym?' gofynnodd Wiliam. 'Fel helm ar Glama'n 'te wa,' meddai Gwilym. Allwch chi ddychmygu mor wag oedd hi. Roedd acw ddyn yn byw drws nesa i mi, Wiliam Morgan Jones. Wil Mog ar lafar gwlad. Dipyn o fardd, roedd o'n fardd di-fai ran hynny. Marwnadau oedd ei bwnc gloywaf. Mi enillodd gadair Eisteddfod y W.E.A. yng Ngherrigydrudion yma am farwnad i'r diweddar J.W. Jones, Glasfryn. Mi fyddai Wil Mog hefyd yn gwneud rhyw benillion digri ar achlysuron arbennig. Plastrwr neu saer maen oedd wrth ei alwedigaeth ac mi fyddai'n gweithio ar adeiladau yn y plwy acw. Y fo a Morus Dafis slatar. Roedd Morus yn ddyn duwiol ac yn ddirwestwr mawr. Doedd Wil ddim. Mi fyddai'n hoff iawn o dynnu coes 'rhen Forus ac roedd y ddau yn dathlu rhyw ddiwrnod pwy oedd yn debyg o gael mynediad i'r nefoedd. Morus yn gwarantu nad âi Wil byth yno, ond roedd Wil wedi gwneud pennill yn gorffen yn debyg i hyn:

> . . . a'r angel yn gwaeddi a'i lais heb ddim crac:
> *'Wil Morgan come here, and Morus – go back.'*

Roedden nhw'n gweithio ar doua rhyw doiledau yng ngwaelod gerddi'r tai sy'n rhedeg gyda'r afon. Roedd hi'n wynt mawr iawn a Wil wedi parodïo 'O Dduw cofia'r morwr.'

> O Dduw cofia Morus
> Yn y corwynt croch
> A'i goesau mor fyrion
> A'i ben o mor goch.

Cyhoeddodd ddau neu dri o lyfrau – *Blodau'r Bedd* oedd un ohonyn nhw. Marwnadau a phytiau o gofiannau oedd ynddyn nhw i gyd. Trist iawn. Byddai'n mynd o gwmpas y wlad i'w gwerthu. Roedd ganddo un ffordd neilltuol o werthu. Fe âi i dafarn lle'r oedd yna dipyn o fynd a hel rhyw griw o'i gwmpas trwy adrodd y penillion brasaf a chochaf oedd o wedi ei gyfansoddi ac roedd pawb wrth eu boddau. Wedyn mi fyddai'n dweud yn ddistaw bach fod ganddo lyfr ar werth. 'Ychydig sydd gen i, ond mi gei di un, a stwffia fo i dy boced reit sydyn.' Dyna fyddai'r stori wrth bob un a thipyn o sioc fyddai cyrraedd adre a gweld mai llond llyfr o farwnadau dagreuol oedden nhw wedi ei brynu.

Bu raid i Ifan Dafis Pentrefoelas ladd mochyn a hynny ar y Sul am fod y mochyn wedi mynd yn sâl ac yn debyg o farw. Roedd lladd mochyn ar y Sul yn bechod mawr a fedrech chi ddim ei ladd heb i'r sŵn gweiddi gael ei glywed drwy'r pentre. Mi wnaeth Wil Mog res o benillion i'r amgylchiad. Dydw'i ddim yn eu cofio i gyd ond rwy'n cofio un.

> Sut bydd hi ar Ifan Dafis
> Heb gymorth lamp na wig
> Yn croesi afon angau
> Am ladd y pwar pig?

Mi fyddai'n meddwl yn aml mor lwcus oeddwn i nad oedd acw ddim deugain punt neu beth bynnag oedd y swm oedd eisiau i fynd i Cammell Laird's. Hwyrach wir y byddwn i wedi ymgyfoethogi yn ariannol wrth droedio palmentydd Birkenhead ond rwy'n siŵr y buaswn i hefyd, ar ystyr arall, yn llawer tlotach petawn i wedi mynd 'o sŵn y gloch'.

Ar fy ôl

Erys yr hen gyfaredd, – erys rhin,
    Erys rhwysg y Gylchedd;
  Ar ros hir fe erys hedd
  Yn afon o dangnefedd.

Ac aros y mae'r geiriau – a luniodd
    Mor lân yn ganiadau,
  Yn fôr o hen drysorau
  Yma i'n hoes i'w mwynhau.